青少年学生"中国梦"主题教育图书活动读本

最美中国梦

青少年读本

王东林　李江源 ◎编著

江西人民出版社
Jiangxi People's Publishing House
全国百佳出版社

图书在版编目（CIP）数据

最美中国梦．青少年读本／王东林，李江源编著．—南昌：江西
人民出版社，2013.10

ISBN 978－7－210－06209－7

Ⅰ．①最… Ⅱ．①王…②李… Ⅲ．①爱国主义教育－中国－青年读物
Ⅳ．①D647－49

中国版本图书馆 CIP 数据核字（2013）第 229899 号

最美中国梦（青少年读本）
作者：王东林　李江源
出版：江西人民出版社
发行：各地新华书店
地址：江西省南昌市三经路 47 号附 1 号
编辑部电话：0791－86898143
发行部电话：0791－86898815
邮编：330006
网址：www.jxpph.com
E－mail：jxpph@tom.com　web@jxpph.com
2013 年 11 月第 1 版　2013 年 11 月第 1 次印刷
开本：880mm×1230mm 1/32
印张：8
字数：180 千字
ISBN 978－7－210－06209－7
定价：16 元
承印厂：南昌市红星印刷有限公司
赣版权登字—01—2013—391
版权所有　侵权必究
赣人版图书凡属印刷、装订错误，请随时向承印厂调换

目录

引言

一、可爱的中国

1.我们的名字叫中国 / 2

2.江山如此多娇 / 8

3.世界最强盛的国家 / 14

4.丰富而璀璨的文明 / 19

5.发明与发现的国度 / 28

6.中国影响了世界 / 34

二、蒙难的中国

1.盛极而衰的大清王朝 / 45

2.鸦片之祸 / 55

3.铁蹄下的屈辱和苦难 / 61

4."万园之园"的毁灭 / 69

5.国土之殇 / 79

三、探梦的中国

1.开眼看世界 / 85

2.从办洋务到维新变法 / 91

3.寻找"共和" / 99

4.你方唱罢我登场 / 106

5."德先生"和"赛先生" / 110

6.狂飙突进 / 118

四、崛起的中国

1.初升的红日 / 127

2.解放之路 / 133

3.从站起来到富起来 / 143

4.富起来并强起来 / 152

5.老列强的"不安" / 162

6.青山遮不住 / 173

五、追梦的中国

1.拥抱"中国梦" / 181

2.走自己的路 / 193

3.精神之光照征途 / 201

4.众手浇开幸福花 / 215

5.扬起自信的风帆 / 223

结语:同一个中国同一个梦

后记

引言

　　"梦",本义是一种睡眠中产生的思想的影像。其实"梦"的另一义,却发生在人类的"梦醒时分",而梦醒时分的"梦",也叫"梦想",指的是一个人或一群人梦寐以求的理想。

　　梦想似乎总是一个遥远的概念,因为梦想老是试图开启未来的大门。在未来与现实之间,隔着一段漫长的路,你必须一步步行进,才可能接近梦想的目标。梦想又似乎是一个飘拂的概念,因为想象而显虚幻,因为距离而显迷蒙,因为曲折而显渺茫,你必须具备坚定的意志,不折不挠,不懈努力,方可抵达理想的彼岸。

　　不敢想象"人类如果没有梦想,世界将会怎么样?"事实上,人类从来没有离开过更没有失去过梦想;而历史行进的过程,恰恰是人类一番番"梦想成真"的过程。站在今天向历史的深处回望,我们当下可能已经司空见惯的成就,却曾是多少代多少代人以前绚丽的梦想。"千里眼"、"顺风耳"、"嫦娥奔月"、庄子《逍遥游》中的"列子御风"、蒲松龄《聊斋志异》里"换皮、换头、换心"的怪谈、

《封神榜》里的诸般法宝与法术,在今天早已不是原本荒诞不经的神话;诸葛亮曾经使用过的"木牛流马",也早已被现代形形色色的交通工具所替代……

一代代人的梦想,一代代人的追求——历史,便如此行走,如此进化,如此超越!

一、可爱的中国

1. 我们的名字叫中国

翻到词典中的"中国"词条,你会发现这样的一段解释:"中国(China),位于东亚,是一个以华夏文明为主体、中华文化为基础,以汉族为主要民族的统一多民族国家,通用汉语。中国疆域内的各个民族统称为中华民族,龙是中华民族的象征。"

"中国"一词见于史书的最早记载是《尚书·梓材》:"皇天既付中国民,越厥疆土,于先王肆。"约有2500多年的流传史。然而考古发现,却将"中国"一词的最早记录推前到距今约3000年的西周初期。

1963年，陕西宝鸡贾村出土了一件西周武王时期的青铜尊。铜尊内壁底部刻有122字铭文，记载了一位名叫"何"的贵族重臣，在成周洛邑受王之训诰和封赏的史事，因名"何尊"。十分珍贵的是，何尊铭文中，"中或（国）"二字第一次作为一个词组见于文字记录。虽然此时的"中国"一词与现代的不是同一个地理概念，却依然有十分重大的意义。

何尊铭文

中国，又以"华夏"、"中华"、"中夏"、"诸夏"、"诸华"、"神州"等代称出现。商、周以前有夏；"华"，有华丽、兴旺之意；也有人说上古华、夏同音，本来是一个字。《左传·定公十年》说："中国有礼仪之大，故称夏；有服章之美，谓之华。"概括来说，"华夏"的意思就是"身穿华裳的礼仪之邦"。

在古代，很长时间里，"中国"一词并不是一个国家的概念，而是一个地域的、文化的概念。它的含义随着历史的发展而变化。

"国"的本义是"域"或"邦"。"中国"即"中央之城"或"中央之邦"。可见，"中国"最初的意思不是指"国家"，而是指"国都"。古人以帝王之居所为"中"。王所建的城邑为"中国"，居住在城邑里的人叫"国人"，城外的居民叫"野人"或"鄙人"。在周朝，"中国"就是指京畿或京师之地。《诗经·大雅·民劳》："惠此中国，以绥四方"；"惠此京师，以绥四国"。诗里的"中国"与"京师"对举，是一个意思。故《毛传》的解释是："中国，京师也。"

东周时，"中国"的称呼由周的直接统治区扩大到各个华夏诸侯国，并且有了夷夏之辨。但是区分"中国（华夏）"与"夷狄"的依据主要不是地域而是文化。其时夷夏交杂相处，只要是吸收周文化、遵行周礼的，即使是"夷狄"之国也可称"华夏"，否则即便是周王室的同姓诸侯国，也会被贬斥为"夷狄"。秦、楚、吴、越被中原诸侯称作"蛮夷之邦"，一度遭到不少歧视，到后来才进入诸夏的范畴。

春秋时期，"中国"的含义逐渐扩大到包括各大小诸侯国在内的黄河中下游地区，即周天子的直属区和诸侯中的晋、郑、宋、鲁、卫等国。"中国"的意思为"居处中原的各诸侯国"。周边四境诸民则被称为（东）夷、（南）蛮、（西）戎、（北）狄。

战国时期，诸国统一的条件逐渐成熟，"定于一"的大一统思想广泛流行，"中国"的称号逐渐成为中原地区华夏诸侯国的通称。到了秦汉时代，原来的诸侯国都已包括在统一国家的疆域之内，都可以称为"中国"。魏晋南北朝时期，原属"戎狄"的少数民族纷纷入主中原，同样以"中国"自居。如鲜卑人建立北魏，自称"中国"，而把南朝称作"岛夷"，意思是"岛洲上的野蛮人"；汉族建立的南朝虽然已经迁离中原，仍固守"中国"名号，称北朝为"索虏"，即"头扎发辫的下贱人"。辽与北宋、金与南宋同样都自称"中国"，而以对方为"僭伪"。透过这种分裂时期互争正朔（正统）的历史现象，可以看出各民族对"中国"名号高度的文化认同。

汉朝国号"汉"，唐朝国号"唐"，宋朝国号"宋"……清朝的国名是"大清"。事实上，中国古代所有的朝代都没以"中国"为国号，却都以"中国"为通称。清朝在外交中有时就自称"中国"。1689年（康熙二十八年）与俄国签订《尼布楚条约》的全权使臣索额图，自称"中国大圣皇帝钦差分界大臣"。条约中作为中国主权国家的名称也使用了"中国"一词，但自始至终清朝的国号并没有变。

在统一多民族国家形成与发展的过程中，出现于周武王时期的"中国"一词，就这样从最初专指王都为中心的地区名称，如碧波涟漪，一层层扩大，一圈圈延展，发展为包括所有郡县和全部边疆的符号；由华夏主体汉民族所尊的"正统"符号，发展为各民族共尊的观念符号；由中华大地的符号，发展为主权国家的符号。

"中国"正式作为国名，始于 1912 年"中华民国"的建立。国际上的通称是 Republic of China，简称 China（中国），并有了明确的地理范围——中华民国的全部领土。从此，"中国"成为具有近代国家概念的正式名称。1949 年新中国成立，国际上通称 The People's Republic of China，仍然简称"中国"。

我们的名字叫"中国"。我们的族号叫"中华"。

"中华"一词，由"中国"和"华夏"复合而成，最早可以追溯到魏晋时期，南北朝后期使用更加普遍。《魏书·宕昌传》说宕昌羌人的位置"东接中华，西通西域"。从中可以看出"中华"一词与"中国"和"华夏"的合成关系。晚明和清初到中国来的西方传教士，大都直接称呼明清两朝为"中华帝国"。近代，随着"民族"一词的引进，又复合出"中华民族"一词，最初用以指称中国的主体民族——汉族，在中国各民族反帝反封建斗争日益自觉地走向联合的大潮流中，逐渐成为汉族和各少数民族共同的称谓。辛亥革命废除了封建专制制度，建立了中国历史上第一个在整体中华民族基础上的资产阶级共和国，国名就叫"中华民国"。1949 年中国人民在以毛泽东为核心的中国共产党领导下，获得了彻底的独立和解放，更定国名为"中华人民共和国"。

中国是一个统一的多民族国家。新中国成立后，通过识别并经中央政府确认，共有 56 个民族，即汉、蒙古、回、藏、维吾尔、苗、彝、壮、布依、朝鲜、满、侗、瑶、白、土家、哈尼、哈萨克、傣、黎、傈傈、佤、畲、高山、拉祜、水、东乡、纳西、景颇、柯尔克孜、土、达斡尔、仫佬、羌、布朗、撒拉、毛南、仡佬、锡伯、阿昌、普米、塔吉克、怒、乌孜别克、俄罗斯、鄂温克、德昂、保安、裕固、京、塔塔尔、独龙、鄂伦春、赫哲、门巴、珞巴和基诺族。其中，汉族人口最多，约占全国人口总数的 92%，分布在全国各地，主要聚居于黄河流域、长江流域、珠江流域和东北松辽平原，聚居地区约占国土总面积的 40%。其他 55 个民族人口相对较少，约占全国人口总数的 8%，统称"少数民族"，人口过百万以上的有蒙古族、回族、藏族、维吾尔族、苗族、彝族、壮族、布依族、朝鲜族、满族、侗族、瑶族、白族、土家族、哈尼族、哈萨克族、傣族和黎族 18 个民族。少数民族人口虽少，但分布地区广阔，占国土总面积的 60%，主要集中在西北、西南和东北等地，并与汉族交错分布，形成大分散、小集中的格局。

　　各少数民族同汉族一样，都是中华民族大家庭中的一员。因此，我们通常所说的"中华文明"，理应是指包括当代 56 个民族以及曾经活跃在中国历史舞台上的古代各民族在内的中华民族，在数千年缔造统一多民族国家的历史进程中共同创造的优秀文化成果。

　　尽管在中国古代的史学传统中，"正统"、"法统"和"道统"被看成事关王朝"正朔"的大原则，但是，所有少数民族建立的政权，都被承认并作为中国历史的一部分。宋"十七史"，明"二十一史"，清中晚期的"二十四史"，是史家公认的"正史"，无不包容少数民族的王朝史。即使是一些少数民族在边疆地区建号称王，也不自外于"中国"，并以作为中国之一部为荣。

　　"一把黄土塑成千万个你我"，我中有你，你中有我。我们的每一个民族,都从兄弟民族中吸收过各种文化营养;我们的每一种民族语言,都接受过兄弟民族语汇的影响;甚至每一个民族形成与发展的过程,也都曾经历过一个不断组合、分化与融合的过程。你从我中来,我到你中去,四海之内皆兄弟。因而我们才有一个共同的名字,一个共同的族徽。

链接	China

英语单词"china"意为"瓷器"。当您把第一个字母"C"改为大写时,词的意思便专指中国。"瓷器"和"中国"集于音、形相同的一个单词,与"瓷器"和"中国"的不解之缘有莫大关系。

"瓷器"为什么在英文里被叫作"china"呢?其来源有多种解释。最流行的说法是:"china"来自汉语"昌南"一词的音译。

清代景德镇瓷器商号

"昌南"指昌南镇,是瓷都景德镇的旧称之一。东晋时的景德镇叫"新平镇",北宋真宗景德年间(1004—1007年)改称"景德镇"。由于景德镇所在的位置在昌江之东南,所以又叫"昌南镇"。瓷器流传到欧洲后,深得皇宫和贵族的喜爱,并日益成为西方人大量进口的中国商品。据说外国商人在介绍"瓷器"时,往往用瓷器的产地(昌南)来表示,比如说十七世纪的英国人就用"中国货"(Chinaware)指称来自中国的瓷器。久而久之,"china"便成了"瓷器"的专用名,进而又成了产瓷之国"中国"的英文名字。

也有人认为"China"原意为"秦"、"秦人",拉丁文写作"chin",或许正是"秦人"和"昌南"的同音关系,在历史的巧合中完成了"瓷器"与"中国"英文名号的重叠吧。

2. 江山如此多娇

中华人民共和国简称中国。领土总面积约为 1430 多万平方公里,其中陆地面积 960 万平方公里,内海和边海的水域面积约 470 多万平方公里。

展开世界地图,中国领土的平面形状很像一只面向东方放歌唱晨的大雄鸡,屹立在亚洲大陆的东部、太平洋的西岸。祖国领土的中心位置在陕西省泾阳县永乐镇的石际寺村。北起漠河以北的黑龙江江心(北纬 53°30'),南到南沙群岛南端的曾母暗沙(北纬 4°),跨纬度 49 度多;东起黑龙江与乌苏里江汇合处(东经 135°05'),西到帕米尔高原(东经 73°40'),跨经度 61 度多。从南到北,从东到西,距离都在 5000 公里以上;从东五区到东九区,横跨五个时区。当祖国最东端的黑龙江和乌苏里江迎来朝阳的时候,最西端的帕米尔高原还是满天星斗的深夜;当最北端的漠河还是冰天雪地的季节时,最南端的曾母暗沙却已进入赤日炎炎的夏日。

中国的陆地边界长达 2.28 万公里,东邻朝鲜,北邻蒙古,东北邻俄罗斯,西北邻哈萨克斯坦、吉尔吉斯斯坦、塔吉克斯坦,西和西南与阿富汗、巴基斯坦、印度、尼泊尔、不丹等国家接壤,南与缅甸、老挝、越南相连。东部和东南部同韩国、日本、菲律宾、文莱、马来西亚、印度尼西亚隔海相望。仅以陆地面积而论,几乎同整个欧洲不相上下,相当于 18 个法国、26 个日本、40 个英国。如果沿我国的大陆疆界绕上一周,差不多等于沿着地球的赤道线转了一圈。

中国大陆海岸线长 1.8 万多公里。海岸地势平坦,多优良港湾,而且大部分都是终年不冻港。大陆的东部与南部濒临渤海、黄海、东海和南海。海域面积 473 万平方公里。渤海为中国的内海;黄海、东海和南海是太平洋的边缘海。

中国辽阔的海域上,散布着难以胜数的岛屿,是名副其实的"万岛之国"。最大岛为台湾岛,面积 3.6 万平方公里;其次是海南岛,面积 3.4 万平方公里。位于台湾岛东北海面上的钓鱼岛、赤尾屿,是中国最东的岛屿;最北的岛屿是辽宁省的小笔架山;最南端岛屿是曾母暗沙。散布在南海上的岛屿、礁、滩总称"南海诸岛",依照位置不同称为东沙群岛、西沙群岛、中沙群岛和南沙群岛。

中国的海岛既有孤悬海上的单个岛屿,如著名的刘公岛、东山岛等;又有彼此相距较近、呈明显的链状或群状分布的岛群,人们习惯上称为"群岛"或"列岛"。这样的列岛共有 55 个,构成了 14 个海岛县(区)和近 200 个海岛乡。

在我国的 4 个海域中,东海的岛屿数量最多,约占全国海岛总数的 2/3,仅浙江沿海就有 3000 多个。大岛、群岛也较多,并沿近海分布,如台湾岛、崇明岛、海坛岛、东山岛、金门岛等岛群,只有钓鱼岛、赤尾屿等几个小岛分布于东海东部。

南海岛屿数量位居第二,约有1700多个,占我国海岛总数的1/4左右。其中绝大部分靠近大陆。主要大岛和群岛有海南岛、东海岛、上川岛、下川岛、湄洲岛、海龟石岛等,只有属于珊瑚岛群的南海诸岛离大陆较远。

相对来说,黄海与渤海岛屿比较少,只有500多个,主要分布于黄海北部、中部我国大陆一侧和渤海海峡,多为陆域面积在30平方公里以下的小岛,并主要以群岛形式分布。

据统计,我国海域面积大于500平方米的海岛有6500多个,如果将海南岛以及台湾、香港、澳门地区所属海岛包含在内,总数有7000多个;海岛总面积8万余平方公里,约占我国陆地面积的0.83%。面积小于500平方米的海岛,可谓数不胜数,粗略估算,至少有上万个。

高山平野,森林草原,江河湖海,沙漠冰川……大自然几乎将地球上所有的地质类型都赋予了这块神奇的土地,呈现出形形色色美不胜收的瑰丽景象。

链接

我国内海有两处:山东半岛与辽东半岛之间的渤海、雷州半岛与海南岛之间的琼州海峡。中国最大的岛屿是台湾岛,第二大岛是海南岛,第三大岛是崇明岛,第四大岛舟山岛。山东半岛是中国最大的半岛,辽东半岛是中国第二大半岛,雷州半岛是第三大半岛。

世界上有两条地震带,一条是地中海—喜马拉雅地震带,一条是环太平洋地震带,中国正好在两大地震带的中间,所以中国是一个多地震的国家。我国冬季最冷的地方是黑龙江省漠河县,夏季最热的地方是新疆吐鲁番。

中国的地势犹如一个巨大的阶梯,自西向东层层递降,与大海相接。

雄踞西南的青藏高原是阶梯的最高层级,平均海拔4500米,有"世界屋脊"之称。喜马拉雅山脉的主峰珠穆朗玛峰,矗立在我国和尼泊尔边界,海拔8848米,是世界上最高的山峰,相当于"世界屋脊"上的"银屏宝顶"。

美丽的青藏高原,一碧如洗的蓝天飘浮着朵朵白云,仿佛天穹距头顶很近,一伸手就可与云彩相触。高原上雪山连绵,冰川覆地。这些巨大的"固体水库",是高原生命的源泉。每当夏季,冰雪消融,清澄的雪水滋润着草地牧场,催长了油菜和青稞。溪流进一步发育,便成了许多大河的源头,或者在低洼处形成一个个波光如镜、碧翠如玉的高原湖泊。这样的湖泊,在青藏高原上有1000多个,为"世界之最"。青海湖是我国第一大咸水湖,纳木错湖则是世界上最高的咸水湖。

崇山峻岭将高原分割出大大小小水草丰茂、土地肥沃的盆地和宽谷,适于农牧业发展,是家居生息的好地方。最大的柴达木盆地面积20万平方公里,海拔3000米左右,是我国地势最高的内陆大盆地,有丰富的盐、石油、煤和多种金属矿藏,人称高原上的"聚宝盆"。

从青藏高原往北、东延伸,地势下降到海拔1000米至2000米左右的第二级阶梯,则有云贵高原、黄土高原、内蒙古高原以及塔里木盆地、准噶尔盆地和四川盆地。

"天苍苍,野茫茫,风吹草低见牛羊",描写的是内蒙古高原的景象。内蒙古高原是我国第二大高原,地势平旷,到处是一望无际的大草原,自古以来就是良好的天然牧场。黄土高原覆盖着50至80米厚的黄土层,是世界上黄土分布最广、最厚的地区,也是世界四大文明的发祥地之一。云贵高原包括云南省东部和贵州省全境。连绵的群山,奇异的石林,峻峭的峰崖,诡秘的岩洞,深险的峡谷,湍急的河流……造就了云贵地区神异的自然风光和独特的民族生活景象。

从第二级阶梯再往东延伸直达海滨,地势降至海拔多在500米以下的第三级阶梯。东北平原、华北平原、长江中下游平原由北往南,依次排列,大体连成一片,是我国最重要的农业区,也是人口最为密集、城市最为集中、经济最为发达的地区。长江中下游平原以南,是包括江西、福建在内的"江南丘陵"地带。

受地势影响,中国的河流也大多由西往东,注入太平洋。也有一些河流向南或向北流泻,或入印度洋,或入北冰洋。此外也有不能入海的内陆河流。中国仅流域面积100多平方公里以上的河流就有5000多条,黄河和长江是其中最大的两条河流,也是孕育中华民族文化的摇篮。

长江从雪山走来,发源于青藏高原,是我国第一大河,流经青海、西藏、四川、云南、重庆、湖北、湖南、江西、安徽、江苏、上海等省区市,注入东海,全长6300千米,流域面积180多万平方公里,约占全国总面积的1/5。作为航运大动脉,它的干流和支流航道总长8万公里以上。以长度论,长江居世界第三位;若论航运、水能、水量、灌溉及流域面积等综合优势,可谓举世无双。

黄河是我国第二大河，发源于青藏高原巴颜喀拉山北麓，流经青海、四川、甘肃、宁夏、内蒙古、陕西、山西、河南、山东等省区，注入渤海，全长 5464 公里，流域面积 79.5 万平方公里。"星垂平野阔，月涌大江流"；"君不见黄河之水天上来，奔流到海不复回"……有多少文人墨客为黄河赞美咏歌，留下了许许多多的壮美诗篇。

中国的湖泊星罗棋布，给一方土地以灵动之气。中国仅水面 100 平方公里以上的湖泊就有 130 多个。鄱阳湖、洞庭湖、太湖、洪泽湖、巢湖，是我国著名的"五大淡水湖"，其中鄱阳湖还是全亚洲最大的淡水湿地、世界闻名的"候鸟王国"。

中国大部分地区位处北温带，气候适宜，四季分明，动植物资源十分丰富。世界上的主要农作物和经济林木，几乎都可以在这里成活生长。山林川泽中，栖息了种类极其丰富的动物种群。我们的脚下也是一个巨大的资源宝库，目前世界上发现的 160 多种矿产，在我国都有储藏，其中，煤、铁、石油、铜、坞、锑、锡、钼等 17 种主要矿藏的储量，位居世界前列。

"江山如此多娇，引无数英雄竞折腰。"我们伟大的祖国，幅员辽阔，山河壮丽，土地肥沃，物产丰饶。我们的祖祖辈辈就在这片土地上繁衍生息，创造了惊艳世界的民族文化。

链接

我国现有 23 个省、5 个自治区、4 个直辖市；2 个特别行政区（香港特别行政区、澳门特别行政区）；6 个国家级新区（上海浦东新区、天津滨海新区、重庆两江新区、浙江舟山群岛新区、甘肃兰州新区、广州南沙新区）；6 个经济特区（汕头、深圳、珠海、厦门、海南、喀什）；15 个副省级城市（沈阳、大连、长春、哈尔滨、南京、杭州、宁波、厦门、济南、青岛、武汉、广州、深圳、成都、西安)；
5个计划单列市(大连、青岛、宁波、厦门、深圳)。

3. 世界最强盛的国家

　　"天地玄黄，宇宙洪荒。"大约在五千年前，当我们这个地球上的很多地区还处在一片洪荒状态的时候，居住在今天北非尼罗河流域、西亚幼发拉底河和底格里斯河流域、南亚印度河流域、东亚黄河流域的人类，已经开始孕育最古老的文明。源于这四大流域早期文明的埃及、伊朗、印度和中国，被公认为世界"四大文明古国"，其中，只有中国文明是上古世界诸多文明中唯一没有中断、一脉相承并流传至今的文化果实。

　　中国是人类重要的发现地之一。考古工作者在祖国大地上先后发现的古人类化石和遗存，有生活在170万年前的元谋猿人，75万年至80万年前的蓝田人，50万年至60万年前的北京人，20万年前的大荔人，10万年前的丁村人、许家窑人和距今1.8万年前的山顶洞人，大体可以复原一幅人类体质进化的系列图。从旧石器时代到遍布全国各地的新石器时代文化遗存，也将一部相对清晰的中国原始社会史呈现在我们面前。传说中的燧人氏、伏羲氏、神农氏以及炎帝、黄帝、尧、舜、禹等人物传说，也在丰富的考

甲骨文

古资料中得到一定程度的印证，可看成是中华民族的先祖在原始社会生活的真实记录。

"禹传子，家天下。"从公元前21世纪建立的夏朝开始，中国开始进入阶级社会。殷墟甲骨文的发现，证明了中国已有近3500年有文字可考的历史。按照史学界的通行说法，中国的奴隶社会包括夏、商、西周、春秋四个时期，约有1600多年的历史；从战国开始，历秦、汉、魏、晋、南北朝、隋、唐、五代、宋、元、明、清各个王朝，是2300多年的封建社会。

先秦时期，夏、商、周三支不同族源的人类群团在西周时复合成同一民族的雏形，至秦汉时期，发展成稳定的民族共同体——华夏，并奠定了中国疆域的基础。虽然天下"分久必合，合久必分"，中国历经了多次从统一到分裂，再统一到再分裂的过程，但统一总是大势和主流，是中华民族坚定的信仰、不变的情结，并且在每次分裂之后，都归结为更加充分的融合、更加高度的统一，直至统一的多民族国家完全确立和巩固。

封建时代的中国，创造了世所罕见的物质文明和精神文明成果，几乎是"鹤立"于世界的东方，是名副其实的世界强国。今天，依然有西方人士指出："在过去的2000年历史中，有大约1800年的时间，中国都占据着世界最大经济体的位置。"

链接

1924 年 6 月 23 日,孙中山在与菲律宾劳动界代表谈话时说:"二千年前,中国甚强,不独雄踞东方,且威震欧洲。"

1956 年,毛泽东在《纪念孙中山先生》一文中说:"中国是一个具有九百六十万平方公里土地和六万万人口的国家,中国应当对于人类有较大的贡献。而这种贡献,在过去一个长时期内,则是太少了。这使我们感到惭愧。"

英国 48 家集团俱乐部主席斯蒂芬·佩里指出:"要正确理解中国复兴、了解中国人的思维方式、认知中国发展的动力以及面临的机遇与挑战,人们就必须明确一个最基本前提:在过去的 2000 年历史中,有大约 1800 年的时间,中国都占据着世界最大经济体的位置。简单地说中国'和平崛起',非常容易混淆这一史实。当今世界所见证的是中国复兴——回归其辉煌的历史地位。文字的差异透露出中华民族的追求与梦想,以及对未来世界发展模式的诠释,中国人民从 1840 年鸦片战争之后进行的斗争都是为了这个目标,习近平主席提出实现中华民族伟大复兴的中国梦更令人印象深刻。"

相对世界而言,古代中国的强盛是连续的,虽然历史总是在迂回曲折地前进。中国史家习惯于将王朝历史的高峰期称作"盛世",并以"国泰、民安,国富、民足,国强、文昌"作为判定盛世的标准。

中国历史上的盛世,首先是西周时期的"成康之治",大约始于公元前 1017 年至公元前 901 年。周成王和周康王在位年间,继承文王、武王的业绩,对内推行周公"明德慎罚"的主张,广施德治,务从节俭,用以缓和阶级矛盾,争取民心;对外不断攻伐淮夷,用武力控制东方少数民族地区,取得了很大胜利。成康时期,是周最为强盛的阶段,社会安定,国家太平,史家称"成康之际,天下安宁,刑措四十余年不用",因有"成康之治"的赞誉。《诗经·周颂》中有歌颂成康之治的诗篇。

第二个盛世是西汉前期的"文景之治"。汉文帝和汉景帝在位39年的时间里(公元前179—公元前141年),奉行道家"清静无为"的政治思想,推行轻徭薄赋、与民休息的政策,兴修水利,劝课农桑,恢复和发展社会经济;注重以德化民,禁止苛政,减轻刑罚;削弱诸侯势力,平定吴楚七国之乱,巩固中央集权;对外则文武兼施,推动中外经济文化交流,让汉帝国迅速走出了秦末战争的凋敝,国力大增,并进入了它的鼎盛时期。《汉书·食货志》载景帝后期"京师之钱累百巨万,贯朽而不可校;太仓之粟陈陈相因,充溢露积于外,腐败不可食"。大意说当时社会安定,民富国富,国库里的铜钱累计巨万,串钱的绳子都烂了,以致无法计算钱的多少。国家粮仓新粮压陈粮,一直堆到了仓外,由于存放时间太久,有些都陈腐到不可食用了。

第三个盛世是唐朝的"贞观之治"和"开元盛世"。贞观之治指唐初贞观年间(627—649年)出现的太平盛世。唐太宗李世民以古为镜,吸取隋朝灭亡的教训,任人唯贤,知人善任,广开言路,从谏如流,重用魏征等正人直臣,推行以农为本,宽简刑罚,减轻徭赋,厉行节约,完善科举等制度。政治清明,官吏清廉,据称是历史上唯一没有贪污的王朝;社会经济迅速恢复并快速发展,城乡繁荣,社会和谐,文化昌盛。史书说贞观年间"官吏多自清谨。制驭王公、妃主之家,大姓豪猾之伍,皆畏威屏迹,无敢侵欺细人。商旅野次,无复盗贼,囹圄常空,马牛布野,外户不闭。又频致丰稔,米斗三四钱,行旅自京师至于岭表,自山东至于沧海,皆不粮,取给于路。入山东村落,行客经过者,必厚加供待,或发时有赠遗。此皆古昔未有也"。

到唐玄宗在位的开元时期(713—741年),政局更加稳定,经济更加繁荣,文化更加昌盛,国力更加富强,社会发展达到顶峰状态,史称"盛唐气象"。杜甫在他的《忆昔》诗中写道:"忆昔开元全盛日,小邑犹藏万家室。稻米流脂粟米白,公私仓廪俱丰实。"

在世界范围内,大唐帝国是当时最为文明强盛的国家。首都长安是国际性大都会,是世界各国仁人志士心目中的圣地,不少外国人均以成唐人为荣。到长安求学的外国留学生达3万多人,外国侨民占长安百余万人口的近5%。全国各地的城市,尤其是新兴商业城市,都有来自国外的"侨民",仅广州一城就有20万人以上。唐代文化的雍容、自信、开放、博大,有力地推动了世界文化的发展,影响十分深远。至今侨居海外的华人仍称自己是"唐人",他们聚居的地方多设有"唐人街",称中国为"唐山",称中式服装为"唐装"。

第四个盛世是清朝的"康雍乾盛世"。通常,我们多以唐朝"天宝之乱"为中国封建社会由盛而衰的转折点,其实,中国的"大国雄风"依然在持续,到清朝前期又出现了"康雍乾盛世"景象,是中国历史上发展程度最高、最兴旺繁荣的时代。汉朝盛世人口最多时只有5900万,唐玄宗天宝年间的人口高峰期为8000万人口,清朝到乾隆后期,全国耕地面积增加了百分之四十,人口约3.6亿,占全世界9亿人口的三分之一。清朝实行民族统一政策,加强了多民族统一国家的维护,蒙古、新疆和西藏问题都在这一时期得到解决。以乾隆二十四年(1759 年)为界,清朝的疆域西起巴尔喀什湖,东到库页岛,北抵西伯利亚南部撒彦岭和外兴安岭,南及南沙群岛。50 多个民族被置于王朝的统一管辖之下,统一的多民族国家空前发展巩固。

历史学家戴逸在《18 世纪的中国与世界》一书中提到:1800年,全世界有 9 亿人口,中国有 3 亿人,占世界人口的 1/3;中国的粮食产量也占世界的 1/3,居世界首位;1800 年,中国的工业产值(主要是手工业生产),占世界的 33.3%,而整个欧洲只占 28.1%;18 世纪全世界超过 50 万人口的大城市有 10 个,中国占了 6 个:北京、南京、扬州、苏州、杭州、广州。

18 世纪中叶,法国启蒙思想家伏尔泰指出,中国"由于它是世界上最古老的民族,它在伦理道德和治国理政方面,堪称首屈一指"。

4. 丰富而璀璨的文明

数千年来,勤劳勇敢的中国人民在自己的土地上辛勤劳作,在应对自然和社会挑战的历程中,创造了丰富璀璨的物质文明和精神文明。古代的世界史,很大篇幅记录的应该是中国人民先于世界的创造史。

发达的农业,是我国古代文明中第一颗光辉夺目的明珠。水稻、大豆、茶叶等许多重要农作物,都是我们的祖先从野生植物中选育培植出来的,有的已成为世界共享的文明成果。

农耕发明是新石器时代最重要的标志,也是中华文明起源的根基所在。考古发现和研究表明,大约在距今 8000 年前,中国的黄河与长江流域的广大区域内, 已经有了较大规模的农耕活动。农业的出现,让人类从单纯的采集和渔猎经济走出,逐渐摆脱了对自然界的完全依赖,进入定居性的农耕畜牧生活。有学者将这一重大转变称为"绿色革命"。

粟、黍、稻三大谷物的训育栽培是中国"绿色革命"最伟大的成果。考古发现证明,华北地区是最古老的谷物"粟"和"黍"的原产地。栽培成功稍晚一些的还有高粱和小麦,至今有 5000 年的历史。在气候温暖湿润的南方地区, 考古发现了大量史前稻作遗存, 证明中国是世界稻作的起源地之一。1993 年至 1995 年,中美联合考古队对江西万年仙人洞和吊桶环遗址进行考古发掘, 在旧石器时代末期和新石器时代早期地层, 发现了野生稻植硅石和人工栽培稻植硅石。这个惊世发现向世界证明:在距今 1 万年前, 中国已经开始了人工种植水稻。万年仙人洞和吊桶环遗址, 至今依

江西万年仙人洞陶器

然是世界上发现年代最早的栽培稻遗存，而中国以外的其他地区，最早的稻作遗存发现于泰国，距今只有 6000 年左右。

陕西临潼白家村遗址发现的油菜，仰韶文化半坡遗址发现的芥菜、白菜，浙江余姚河姆渡文化发现的葫芦，浙江余杭良渚文化发现的瓠瓜、甜瓜和大豆，等等，都是人类农业进步的重要成果。在北方草原新石器时代文化中，考古还发现了大量的农业工具和农作物标本。耧车是公元前 2 世纪西汉时期中国人发明的多管种子条播机，一人扶柄，以畜力拉动行进，种子可均匀地直行播下，很接近现代的播种机，而当时的西方还是手撒播种。西方专家估算，中国耧车的效率至少是手工播种的 10 倍，粮食产量至少是手工播种的 30 倍。

中国古代的手工业举世闻名。传世的龙山黑陶、仰韶彩陶、商周的青铜器、汉唐的丝织品、宋元明清的瓷器，等等，大都是国宝级文物。中国瓷器的制造史，可追溯到三千多年前的商朝，唐宋时期已高度成熟。日本人加藤四郎左卫门景正（通称藤四郎）在福建学习了一些宋代的制瓷技术，回日本后竟被称作"陶祖"。欧洲晚到 18 世纪才造出真正的瓷器。

我国还是世界上生产丝绸最早的国家。早在四五千年前的新石器时代，我们的祖先就在河北、河南一带从事养蚕和生产丝绸，深得西域各国的喜爱，并有了著名的"丝绸之路"。炼铁技术也以我国为最早，在世界上领先了两千多年。

中国人民的精神文明创造和对世界的贡献同样无与伦比。几千年来，中国产生过许多伟大的思想家、科学家、发明家、文学家和艺术家，在自然科学、社会科学、文学艺术等各个领域，创造了世界纪录。

在哲学与政治思想领域，首推春秋时代的孔子。他是儒家学派的创始人，也是当时世界上最伟大的思想家和教育家，比古希腊的大思想家、教育家苏格拉底和柏拉图要早几十年。他的思想不仅成为中国文化的中轴思想，也对东亚地区乃至全世界产生了重大影响。儒家代表还有孟子、荀子，人们习惯地将儒家思想称作"孔孟之道"。当代一些西方学者甚至认为，西方世界摆脱困境而实现和谐，还要靠中国的儒家智慧。墨子是墨家创始人；老子是道家的创始人，庄子继之，合称"老庄"；韩非子是法家的集大成者；名家有公孙龙子；阴阳五行家有邹衍，等等，都为中国的思想宝库留下了珍贵的财富。秦汉以后，人物辈出，西汉的董仲舒，东汉的王充，晋朝的王弼，唐朝的韩愈、柳宗元，北宋的周敦颐、程颢、程颐和张载，南宋的朱熹、陆九渊，明朝的王守仁、李贽，明末清初的王夫之、黄宗羲、顾炎武，等等，代不绝书。

中国的军事学十分发达。周朝的姜太公吕望，是我国最早的军事家。相传《六韬》是他写作的一部专门研究兵法的著作。春秋战国时期，争霸兼并战争为军事家提供了广阔的舞台，司马穰苴的《司马法》、孙武的《孙子兵法》、吴起的《吴起兵法》、孙膑的《孙膑兵法》，都是我国古代军事学的重要著作，至今仍是世界军事家的必研之书。汉初，张良、韩信整理兵法书籍，共得182家，其人物之众多，内容之丰富，在世界上首屈一指。三国时杰出的军事家和政治家曹操、诸葛亮，是中国家喻户晓的传奇人物；宋朝抗金名将岳飞、明朝抗倭名将戚继光，既是爱国民族英雄，也是杰出的军事家；历史上李自成、张献忠之类的农民起义领袖，在长期的战争实践中，也都表现出卓越的军事才干。

中国历朝均有重视史学的传统，各种史著汗牛充栋。司马迁的《史记》，是世界上第一部纪传体通史和传记文学的经典作品。班固写作的《汉书》是我国第一部纪传体断代史，也是传记文学的杰作。此后纪传体史书成为"正史"的固定体例，一朝接一朝不间断地延续下来，形成了一整套记录自黄帝至清代4000多年历史的"二十五史"。唐代杜佑的《通典》、宋代郑樵的《通志》、元代马端临的《文献通考》以及后续的《通典》《通志》《通考》，号称"十通"，是一套记录历代典章制度的政书体史学著作。如此成套的史学巨著，在全世界独一无二。北宋司马光领衔编写《资治通鉴》，是我国也是世界历史上一部伟大的编年体通史著作。唐代刘知几写的《史通》，则是我国第一部史学评论专著。明代的《永乐大典》，共22937卷，约3.7亿字；清代的《古今图书集成》，共1万卷，约1.6亿字，是两部举世罕见的巨型百科全书。

　　北魏的郦道元是一位卓越的地理学家，他写的《水经注》，详记河流分布、渠堰灌溉、风土物产、名胜古迹以及古今地理的变迁，是研究我国古代地理的重要著作。晋代法显的《佛国记》，是记录古代中亚、印度、南海的地理、风俗、历史的一部最早而又比较详细的地理著作。唐代的《大唐西域记》，介绍了西域许多地方和印度等一百多个国家的历史沿革、风土人情、宗教信仰、地理位置、山脉河流、生产情况，是我们研究这些国家古代历史的宝贵资料。明代徐弘祖通过三十多年的野外实地调查，对全国地理、水文、地质、物产以及少数民族地区的情况都做了详细的记录，著有《徐霞客游记》一书，是我国最早的一部野外考察记录和优秀的地理著作。

　　中国古代的文学艺术，在世界史上占有重要地位。《诗经》是我国也是世界上最早出现的一部诗歌总集。战国时期的伟大诗人屈原，用楚国方言和民谣形式创造出一种新的诗歌体裁——"楚辞"，《离骚》是他的代表作。屈原的诗歌被译成多国文字，成为世界文化人共同的读本。宋代辑录汉魏到唐、五代的民间诗歌总集《乐府诗集》，给后代诗人以巨大影响。唐朝时，诗歌进入繁荣时代，产生了许多杰出诗人。李白豪迈奔放，语言生动轻快，多歌颂山河壮丽之作，被后人称为"诗仙"。杜甫的诗作深刻反映了社会矛盾和现实生活，被后人称为"诗史"。白居易的诗以深厚的人文关怀表达人民疾苦，揭露讽刺统治阶级的罪恶，通俗易懂，流传甚广。

先秦诸子思想开阔，语言丰富，文辞多彩，几乎都是优秀的散文作家。庄文恣肆，有丰富的想象力；孟文犀利，长于辩论；荀文深厚，说理透彻；韩文峻峭，议论风发。司马迁的《史记》有"无韵之离骚"的美誉，同班固的《汉书》都是散文的典范。韩愈、柳宗元、欧阳修、苏洵、苏轼、苏辙、王安石、曾巩，史称"唐宋八大家"。他们的作品继承和发展了先秦两汉散文传统，形成了新的文学气象。宋朝是宋词创作的繁荣时代，最著名的词人有苏轼、陆游、辛弃疾和李清照。苏词豪迈奔放，陆词纤丽雄慨，辛词慷慨激昂，李词清新婉约，各具风格，各领风骚。

元朝是戏曲文学盛行的时代。据统计，有姓名可考的元曲作家多达79人，作品500多种，流传到今天的剧本有136种。元代著名的剧作家有关汉卿、王实甫(代表作《西厢记》)、白朴(代表作《墙头马上》)、马致远(代表作《汉宫秋》)等，以关汉卿最为突出。他写作的剧本有60多种，代表作有《窦娥冤》《望江亭》等。300年后英国的剧作家莎士比亚一生创作了37个剧本，被誉为世界上最伟大的剧作家。其实关汉卿比莎士比亚的作品几乎多了一倍，说关汉卿是世界戏剧的巨星，应该当之无愧。明朝的汤显祖是继

《西厢记》插图 (陈洪绶绘)

　　关汉卿之后的又一位杰出的戏剧家,流传至今的剧作有《紫钗记》《牡丹亭》(又名《还魂记》)《邯郸记》和《南柯记》,合称"玉茗堂四梦",影响最大的是《牡丹亭》。人称汤显祖为"东方的莎士比亚",其实莎士比亚也可称"西方的汤显祖"。

　　明清是小说盛行的时代。罗贯中的《三国演义》是我国第一部长篇历史小说,形象地再现了魏、蜀、吴三国的政治、军事和外交斗争。小说塑造的许多不同性格的典型人物及其演绎的故事情节,给人留下了深刻的印象。施耐庵的长篇历史小说《水浒传》,据民间流传的北宋末年农民起义故事创作而成,揭示了"官逼民反"的社会实情。吴承恩的《西游记》以浪漫主义手法,成功塑造了神猴孙悟空大闹天宫地府,天不怕、地不怕的英雄形象,表现了中国佛家历尽艰辛求取真经的坚定信仰和心路历程。清代曹雪芹的《红楼梦》是封建社会末期产生的一部批判封建制度的长篇小说,是思想性与艺术性高度结合的伟大作品,在世界文学史上占有重要地位,以至于"红学"也成为世界文坛的一门显学。

书法是我国独创的艺术门类,流派众多,有篆、隶、楷、草、行多种书体。最著名的书法家是晋代的王羲之。他吸收汉魏以来各家精华,集书法之大成。他的书法"飘若浮云,矫如惊龙",人称"书圣"。唐代的欧阳询、颜真卿、褚遂良、虞世南、柳公权、张旭、怀素,宋代的苏轼、黄庭坚、米芾、蔡襄,元代的赵孟頫、鲜于枢,明代的祝允明、文徵明,清代的董其昌、何绍基、邓石如、赵之谦等,都是各个历史时期有代表性的书法名家。

山崖上或大漠里的石窟艺术,记录了我国古代雕塑艺术家的集体创作。最有名的是山西大同云冈石窟、河南洛阳龙门石窟和甘肃敦煌莫高窟。那些无名的民间艺术家继承秦汉以来的艺术传统,兼收外来的艺术样法,创造出栩栩如生的雕塑和绘画艺术形象,为世界艺术宝库留下了一大批珍品杰作。

中国的音乐舞蹈有悠久的历史。中华民族大家庭中的许多少

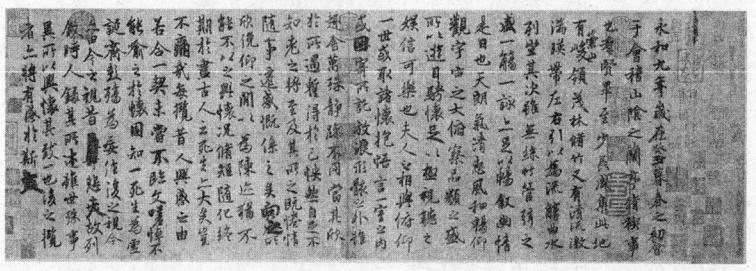

冯承素临王羲之《兰亭序》

数民族都是能歌善舞的民族。汉画像石刻、敦煌壁画中出现的舞蹈和乐队伴奏的场景,定格了千余年前的乐舞表情;考古发现的诸般乐器,仿佛是那个遥远年代,乐师有意留下的信物;孔子称韶乐尽善尽美,闻韶乐三月不知肉味,可令人想见韶乐的无穷魅力。汉武帝时设立了专门的国家音乐机构——"乐府",任命大音乐家李延年主管音乐创作和演奏。隋唐的音乐舞蹈,在传统基础上吸收外来因素,呈现出百花争艳的局面。唐玄宗甚至在长安设立教坊,有生员两千余人,附属乐工一万多户,专门培养音乐舞蹈人才。其后又从中挑选三百余人,于梨园学习深造,因有"梨园子弟"的称谓。宋元以后,随着戏剧的发展,音乐舞蹈和戏剧结合,成为一种新的综合表演艺术,许多著名的戏剧表演家,同时也是著名的音乐舞蹈家。

光辉灿烂的中国文化,无论在哪个方面,任你穷毕生精力,都难以深究其万一。它的巨大魅力穿越时空,至今依然令人痴迷。

链接

20世纪初,享誉全球的英国大哲学家罗素曾经指出:"从若干方面观察,中国是我所见的最伟大的国家,这不仅是数目上的最伟大与文化的最伟大,而且是智慧上的最伟大。"1942年,时任美国副总统的华莱士在一次演说中也说:"美国建国之初,不少倡导革命并奠定后来美国民主政治的贤哲,他们的信仰直接抱取于欧洲,而间接导源于中国,中国文化实为启发西洋民主政治之一源泉,也是创造西洋民主政治之一大动力。"

5. 发明与发现的国度

中国是"发明与发现的国度"。她辽阔的大地,是历代先民驰骋智慧、展示创造的场所,托起过许许多多科技创造的成果。在十六七世纪以前,中国的科学文化、发明创造都走在世界的前面,为人类的进步和世界文化的发展,做出了重要贡献。

东汉时代蔡伦改进的造纸术,北宋布衣毕昇发明的活字印刷术以及无名氏发明的火药和指南针,是世界公认的中国"四大发明"。马克思曾高度评价,中国的四大发明是"资产阶级发展的必要前提"。

中国历史上有一大批先进知识分子,继承和总结劳动人民长期生产和生活实践的经验,从事农业科技的研究发明。早在战国时代就有专门研究农业生产的农家学派,并有《后稷农书》问世。此后又陆续出现了西汉时代的《氾胜之书》、北魏贾思勰的《齐民要术》、元代王祯的《农书》、明代徐光启的《农政全书》。后人称这四部农学名著为"中国四大农书"。

水利工程最著名的范例是战国末年李冰父子领导兴修的都江堰。这座 2000 多年前的综合防洪灌溉工程, 至今仍在发挥作用。隋代的大运河是我国也是世界上开凿最早和最长的人工运河,全长约两千公里,在京沪杭、京汉铁路通车以前,一直是中国

都江堰鱼嘴

南北交通的大动脉。明代潘季驯前后四次奉命治理黄河。他总结历代治河经验,并根据自己27年的亲身实践,写成《河防一览》《两河管见》《两河经略》等书,在今天仍有重要的参考价值。

我国早在公元前21世纪的夏朝就创造了自己的历法——"夏历"。商朝进一步改进,有了大小月之分,大月30天,小月29天,一年为12个月,并且有了世界上最早的日食、月食记录。春秋时代,鲁国的天文学家开始观察恒星,记录了37次日食,测定了冬至和夏至的日期。最早的日食记录是公元前720年2月22日,比古希腊泰耳记录的最早日食早135年。《左传》鲁文公十四年(公元前613年)甚至出现了世界上有关哈雷彗星的最早记录。战国时代楚人甘德和魏人石申合著的《甘石星经》,是世界上最早的天文学著作,记录了800个恒星的名字,其中121个恒星的位置已经测定,并且发现了五大行星出没的规律。到西汉河平元年(公元前28年),我国天文学家已经发现了太阳黑子。《汉书·五行志》中"日出黄,有黑气大如钱,居日中央"的描述,经认证,竟然是世界天文史上第一次观测日斑的记录,比欧洲人早一千多年。

东汉时张衡第一次科学地解释了月食的成因,指出"月光生于日之所照",当大地遮住了太阳,便会产生月食。公元117年,张衡制造出世界上第一架能够比较准确演示天象的天文仪器"浑天仪"。132年，又发明了世界上第一台测定地震方位的"地动仪"，比欧洲人的同样发明早1700年。唐代僧一行(俗名张遂)，第一次测出子午线的长度。元代的郭守敬第一个算出一年有365.2425天，和地球绕太阳一周的时间相比，只差26秒。他编写的《授时历》，和现行公历一年周期相同，但比现行公历的确立早300年。

张衡，1955年中国人民邮政发行的纪念邮票

链接　　镌刻在月面上的中国古代科学家

　　月球上最令人瞩目的地形，莫过于比比皆是的环形山，直径在1公里以上的就有33000余座。这些环形山通常以世界著名人物的名字命名。但是，正面环形山的命名全部使用西方人的名字，这是一个严重的缺陷。

　　1967年，国际天文学联合会成立了专门工作小组，给月球背面的500多座较大的环形山授名，这份名单都是已故世界著名科学家的名字。因此，月球背面环形山命名表就是一部世界著名科学名人录。其中有五位中国人的名字：石申、张衡、祖冲之、郭守敬、万户。他们的名字镌刻在硕大的月面上，为中华民族赢得了荣誉。在五座冠有中国人名的环形山中，以万户命名的环形山规模最大，面积近600平方公里，位于月面南半球，西139°，南11°。

　　我国的数学家早在春秋时期就已发明了乘法口诀——九九乘法表。西汉时代的《九章算术》是我国最早的一部数学著作。著作中的开平方和开立方的方法，比欧洲早1000多年；联立一次方程式的解法，也比外国早四百多年。南朝祖冲之推算出圆周率在3.1415926和3.1415927之间，在世界上第一次把圆周率的数值准确到小数点以后的六位数字，比欧洲早1100多年。为了纪念他的杰出贡献，一些外国科学家把祖冲之的圆周率称为"祖率"。宋代大数学家秦九韶在总结前人成果的基础上，写成《数书九章》一书，其中的"大衍求一术"，被世界学者称为"中国剩余定理"。这个算法，直到十八世纪才被瑞士数学家欧勒发现。

　　我国有发达的医药学。春秋时著名医生医和就已提出"阴、阳、风、雨、晦、明"六气失和致病说，奠定了中医以六气为病因的理论基础。战国时齐人扁鹊采用"望、闻、问、切"四诊法诊断疾病，成为中医传统的诊断方法。东汉时期内科医生张仲景著《伤寒杂病论》，系统地阐述了中医学理论和治疗原则，奠定了中医治疗学的基础，被后人尊为"医圣"。外科医生华佗，擅长针灸和外科手术，他制作的"麻沸散"，是世界上最早的麻醉药。美国人摩顿研制成功麻醉剂的时间是1846年，比我国晚1600年。针灸是我国古代人民独创的治病方法。魏晋时皇甫谧的《甲乙经》，是我国第一部针灸专著。南宋时期宋慈写的《洗冤集录》，则是世界上第一部系统的法医学著作，比欧洲意大利人福特乃塔·费德里1602年开始编纂法医著作，要早350年。《洗冤集录》被译成英、法、荷兰、德、朝鲜、日、俄等多种外文版本，流传于全世界。日本、朝鲜等国19世纪末还在使用。书中总结的含血法、滴骨法，可以说是现代"亲缘鉴定"血清学的先声。

《唐本草》是世界上第一部由国家编定颁布的药典,比欧洲早八百多年。唐代孙思邈写作的《千金要方》和《千金翼方》,记载了800多种药物和5300多个药方,孙思邈被后人尊为"药王"。明代李时珍的药物学巨著《本草纲目》,记录了1800多种药物、1100多个药方,后被译成日、拉丁、法、德、英、俄、朝鲜等文字,成为世界药物学的一部重要文献,被誉为"东方医学巨典"。

中国的建筑学举世闻名。秦代的万里长城是世界历史上最伟大的工程之一,是人类创造的奇迹。战国时期的鲁班,是鲁国著名的工匠,传说有许多重要的发明创造都与他相关,因此被后世奉为工匠之祖。隋代的杰出工匠李春,领导设计建造的赵州桥(原名安济桥),是世界上保存至今的一座最古老的石拱桥,经历1300多年风雨洗礼,依然坚固耐用。北宋时李诫写作的《营造法式》一书,是世界上第一部完整的建筑学著作。

此外,北宋沈括的《梦溪笔谈》,明代宋应星的《天工开物》,都是包罗万象、总括各种传统工艺的百科全书,在我国和世界科学史上占有重要地位。过去,有许多被认为是西方人发现或发明的东西,实际上最早都起源于中国。

英国著名汉学家李约瑟博士毕生致力于中国科学技术史的研究。他用了40多年时间,7次来到中国,完成了7卷巨著《中国科学技术史》。他指出:"中国文献清楚地向我们展示了一个又一个不平凡的发明与发现,考古证据或绘画实物证实中国的发明与发现比欧洲类似的或照搬的发明与发现往往领先很长一段时间……不管你探究哪一项,中国总是一个接一个,地位居'世界第一'。"并由衷地称赞中国是"发现和发明的国度"。

　　万户,在国内是一位佚名的传奇人物。国际天文学联合会月面形态命名报告中称:"万户在 14 世纪末发明了可操纵的火箭推进装置,试验用 47 支巨型火箭载人飞向天空,不幸在试验中罹难。"这份报告的依据是 20 世纪 50 年代英国出版的《火箭与喷气》一书。书中引用了这个驾火箭想飞天的故事,并附有一幅插图。书的作者称万户是"世界上第一个试图利用火箭作飞行的人"。

　　据考,明永乐年间(15 世纪初),一个名叫万户的军事技术家在一张椅子形的飞行器底部安装了 47 只火箭筒,利用总引火线串联,并在两旁装上了大风筝。他自己坐在椅上,双手拉着风筝,希望借助火箭的推力拔地而起,再利用风筝的浮力在空中作短时间滑翔,然后利用风筝平稳着陆。一声轰鸣,万户在火焰和气流中急速升空,不久即在烟雾中消失。

　　万户在国外备受重视,而国内却鲜为人知。美国《文明》杂志介绍美国火箭学家赫伯特·基姆 (*Herbert Zim*) 1945 年出版的《火箭和喷气发动机》(*Rockets and Jets*)一书,书中提到"万户飞天"的事迹,说万户是"尝试利用火箭作为交通工具的第一人",将他的壮举称为"首次进行火箭飞行的尝试"。此后,德国、英国、俄罗斯等国的火箭专家的著作中,也常提及此事。基姆的著作后来被清华大学教授刘仙洲翻译为中文,从此"万户飞天"的故事传到国内并得到广泛引用。

6. 中国影响了世界

　　1877年，德国著名地理学家李希霍芬完成了《中国》一书，第一个用"丝绸之路"(Silk Road)来形容古代中国与西方的文明交流，很快得到学术界认可。

　　从西汉张骞奉使三通"西域"，到东汉时期的官方使节甘英出使大秦(古代罗马帝国)；从唐初著名高僧玄奘西游印度，到明朝初年郑和七下"西洋"，遍访马六甲、波斯湾、红海乃至非洲东海岸，中华民族的先人，前赴后继，开辟了中西文化交流的"丝绸之路"，向世界各地传播着中华文明。

　　最初，"丝绸之路"只是指从中国长安出发，横贯亚洲，进而连接非洲、欧洲的陆路通道；其后，又有了绿洲道、沙漠道、草原道、吐蕃道和海上道。"丝绸之路"的含义不断扩大，被人们看作是东西方政治、经济、文化交流的桥梁，成为中西文化交流的同义语。

　　由于中华文明在近代以前长期居于世界领先地位，所以有人说中西文化交流主要的流向是"从东往西"。我国古代的丝绸、瓷器、茶叶以及造纸术、印刷术、罗盘与火药等许多工艺和重大发明，都是经丝绸之路传播到西方。

　　中国外销的商品以丝绸最为著名。据说公元前53年，古罗马执政官克拉苏率军抵达两河流域,在著名的卡尔莱战役中,安息人突然展开鲜艳夺目的军旗,让罗马人军心大扰,招致惨败。据考,安息人的彩旗就是用中国丝绸制成的。后来罗马开始引进中国的丝绸,并在贵族中成为一种时髦。有学者据此认为,一些著名的古希腊雕像和壁画人物身上透明柔软的服饰,就来自中国丝绸。恺撒大帝和"埃及艳后"克利奥帕特拉都非常喜欢中国丝绸。一次恺撒穿着中国丝袍光彩照人地出现在剧院,一时引起全场轰动。丝绸的价格在古罗马十分昂贵,每磅值黄金 12 两。随着进口数量的增加,富裕的平民百姓也穿起了丝绸服装。著名地理博物学家普林尼曾抱怨说,罗马每年至少有一亿金币丧失在同中国、印度和阿拉伯半岛的丝绸与珠宝交易中。

中国在商代已使用陨铁制造兵器,春秋时开始人工冶铁,汉代出现了低硅灰口铁、快炼铁渗碳钢、铸铁脱碳及生铁炒钢等新工艺、新技术。中国的铁制品也是沿着丝绸之路传入西方的。在汉匈战争中逃亡到西域地区的士卒,曾将铸铁技术传给大宛和安息的工匠。大约在公元前 2 世纪,乌兹别克斯坦境内的费尔干纳人从中国学到了铸铁新技术,然后传入了俄国。在当时的中外贸易中,钢铁成为受西域欢迎的商品。安息人曾钻天打洞寻觅中国的钢铁兵器,并辗转流入罗马帝国。掘井的技术,也是在汉代流传到西方的。

中国在西汉时期发明了造纸术。东汉蔡伦改进了造纸方法。他用树皮、破渔网、破布、麻头等原料,制成了适合书写的植物纤维纸,使之成为普遍使用的书写材料。中国纸张的西传很早。从敦煌和甘肃西部发现的汉代原始纸可以断定,至少在 7 世纪时,中国纸已经在撒马尔罕等地广为使用,在印度则不晚于 8 世纪。造纸术传入中亚通常被认为是唐玄宗天宝年间(751年前后)的事。来自唐朝的造纸工匠最先在撒马尔罕造纸,以致撒马尔罕竟成为中国境外的造纸中心,在中世纪欧洲名声很大。794年,大食首都巴格达也办起了纸厂,并聘中国技师进行指导。此后,造纸厂相继出现在也门、大马士革等阿拉伯城市。9世纪末,中国造纸术传入埃及,不久便取代了当地的纸草而成为主要的书写材料。12世纪,造纸术从北非传到西班牙与法国。1391年德国纽伦堡建造了第一家造纸厂。纸的发明与传播为世界提供了经济便利的书写材料,为此,世界掀起一场人类文字载体的革命。

透火焙干(古代造纸工序)

印刷术始于隋朝的雕版印刷。留存至今的世界上最早的雕版印刷书是敦煌发现的《金刚般若波罗蜜经》,现藏大英博物馆内。经书标明的印刷年代是"咸通九年四月十五日",即公元868年。雕版印刷术很早就传到了韩国和日本,但西传的过程要晚得多。据推测,中国

的雕版印刷术很可能
在宋元之际，通过蒙
古人的西征或其他契
机传到了中亚、西亚，
进而传到北非与欧
洲。14世纪初，伊利汗
国宰相、史家拉施德
丁在《史集》中记录了

金刚经

中国的雕版印刷方法。雕版印刷是用刻刀在木板上雕刻成凸出来
的反写字，再上墨印刷到纸上，速度慢而且容易出错，不可重复使
用。于是1041—1049年间，北宋刻字工人毕昇用胶泥做成一个个
长柱方形体，刻上反写的单字，一字一印，用火烧硬，形成活字，可
循环使用。这种方法虽然原始，却与现代铅字排印原理相同。1313
年王祯创制了木活字，他还提到元初已有人造锡活字。蒙元时期
中西交往活跃频繁，很可能在14世纪末，活字印刷方法传到了欧
洲。造纸术、印刷术对文化、教育的普及，有着不可估量的意义。印
刷术传入欧洲之前，全欧洲仅有50000本图书，而且大多为教会
所拥有。在中世纪，欧洲很多贵族都是文盲，文化知识完全控制在
教会手里。15世纪中期印刷术传入欧洲后，图书及获取知识的成
本大大降低，仅仅过了50年，欧洲的图书就激增了200倍，达到
1000万本，内容涉及各个领域，从而打破了教会对知识的垄断。

　　欧洲人用作导航的罗盘也是从中国传去的。它前身叫"司
南"，是一种利用磁铁在地球磁场中的南北极性而制成的指向仪
器，战国时已普遍使用。宋人发明了人工磁化方法制成的指南针，
装置在方位盘上，就叫"罗盘"。大约在11世纪末，指南针用于

航海导航。北宋末年朱彧的《萍州可谈》，提到当时往来广州的舟师在海上航行时，"夜则观星，昼则观日，阴晦观指南针"。英国科学史家李约瑟甚至推测在九、十世纪的中国可能就已经在航海中使用指南针。据阿拉伯文献可以推知，13世纪初，阿拉伯海员已经在使用罗盘。大概经阿拉伯人之手，指南针传到了欧洲。指南针的发明和西传，加速了航运的发展，为欧洲航海家进行环球航行和发现美洲提供了重要条件。

　　火药是秦汉时期炼丹家的发现。他们用硫黄、硝石等物炼制丹药，从偶然发生的爆炸现象中得到启发，找到了火药的配方。唐朝火药开始应用于军事，用点燃的火药包抛射出去杀伤敌人，是近代枪炮的"老祖宗"。火药武器的发明改变了作战方式，帮助欧洲资产阶级摧毁了封建堡垒，加速了欧洲的历史进程。

　　意大利数学家杰罗姆·卡丹早在1550年就第一个指出，中国的司南（指南针）、印刷术和火药，在"整个古代没有能与之相匹敌的发明"。1620年，英国哲学家、思想家和科学家弗朗西斯·培根指出："印刷术、火药和指南针，这三项发明已经改变了整个世界的面貌和事物的状况。第一项发明关系到学习，第二项发明关系到战争，第三项发明关系到航海。这三个领域内的变化将引起其他领域内的无数新发现"；"不管什么帝国，什么宗教，什么星座或人类的

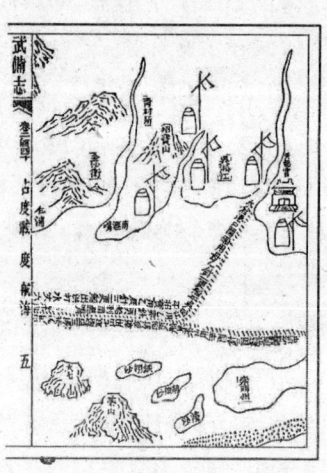

郑和航海图五针路

任何影响都不会像发明这些东西来得巨大"。

1861—1863 年，马克思在《机器、自然力和科学的运用》中写道："火药、指南针、印刷术——这是预告资产阶级社会到来的三大发明。火药把骑士阶层炸得粉碎，指南针打开了世界市场并建立了殖民地，而印刷术则变成了新教的工具，总的来说变成了科学复兴的手段，变成对精神发展创造必要前提的最强大的杠杆。"恩格斯则在《德国农民战争》中明确指出："一系列的发明都各有或多或少的重要意义，其中具有光辉历史意义的就是火药。现在已经毫无疑义地证实了，火药是从中国经过印度传给阿拉伯人，又由阿拉伯人和火药武器一道经过西班牙传入欧洲。"

传教士艾约瑟，是最先在上述三大发明中加入了造纸术的汉学家。他在比较日本和中国时，毫不客气地指出："我们必须永远记住，他们(指日本)没有如同印刷术、造纸术、指南针和火药那种卓越的发明。"

李约瑟博士在他的《中国科学技术史》一书中，将 1 世纪到 8 世纪先后从中国传到欧洲等地的发明，开列了一份长单——

A. 龙骨车；

B. 石碾和水力在石碾上的应用；

C. 水排；

D. 风车和簸扬机(旋转风扇或扬谷机)；

E. 活塞风箱；

F. 平纺织机和提花机；

G. 缫丝、纺织和调丝机；

H. 独轮车；

I. 加帆手推车；

敦煌壁画,目前所知最早的关于火枪和手榴弹(右上方)的描绘

J. 磨车;

K. 马具胸带和套包子;

L. 弓弩;

M. 风筝;

N. 竹蜻蜓和走马灯;

O. 深钻技术;

P. 铸铁的使用;

Q. 游动常平悬吊器;

R. 弧形拱桥;

S. 铁索吊桥；

T. 河渠闸门；

U. 造船和航运方面的无数发明，包括防水隔舱、高效率空气动力帆和前后索具；

V. 船尾的方向舵；

W. 火药以及和它有关的一些技术；

X. 罗盘针；

Y. 纸、印刷术活字印刷术；

Z. 瓷。

李约瑟用完了 26 个英文字母，觉得还有许多例子没有举出来。李约瑟说他的书是写给欧洲人看的。他希望欧洲人看到中国人"惊人的科学创始精神、突出的技术成就和善于思考的洞察力"，看到"欧洲人从中国汲取的技术，是何等的丰富多彩！"

1986 年，美国记者罗伯特·坦普尔在李约瑟博士指导下，在英国出版了一本普及读物《中国：发现和发明的国度（西方对中国的债务）》，用通俗的语言列举了中国古代堪称"世界第一"的 100 项天才的发明与发现，被学术界公认为是李约瑟博士的巨著《中国科学技术史》的浓缩精华本。坦普尔在书的序言中热情讴歌了中国惠及世界的伟大创造——

"中国人和西方人一样都会惊讶地看到，近代农业、近代航运、近代石油工业、近代天文台、近代音乐，还有十进制数学、纸币、雨伞、钓鱼竿上的绕线轮、独轮车、多级火箭、枪炮、水下鱼雷、毒气、降落伞、热气球、载人飞行、白兰地、威士忌、象棋、印刷术，甚至蒸汽机的基本结构，全部源于中国。"

"事实上，如果没有从中国引进船尾舵、罗盘、多重桅杆等改

李约瑟

进航海和导航的技术，欧洲绝不会有导致地理大发现的航行，哥伦布也不可能远航到美洲，欧洲人就不可能建立那些殖民帝国。"

"如果没有从中国引进马镫，使骑手能安然地坐在马上，中世纪的骑士就不可能身披闪闪盔甲，救出那些处于绝境中的少女，欧洲也就不会有骑士时代。如果没有从中国引进枪炮和火药，也就不可能用子弹击穿骑士的盔甲，把他们打下马去，因此就不可能结束骑士时代。"

"如果没有从中国引进造纸术和印刷术，欧洲可能要更长期地停留在手抄书本的状况，书面文献就不可能如此广泛流传。"

"活字并不是约翰·古登堡发明的，那是中国的发明；人体血液循环不是威廉·哈维发现的，那也是中国的发现；'第一运动定律'也不是伊萨克·牛顿首次发现的，而是中国人早就发现了的。"

坦普尔嘲弄地调侃西方："再没有比农业发展史中的经验教训更能说明西方人愚蠢的骄傲自满。"在从中国引进胸戴挽具和肩套挽具之前，西方人是用皮带勒在马的喉结上，勒得马喘不过气来。尽管古代意大利生产的谷物有余，但由于缺少合适的挽具而无法从陆路将粮食运到罗马，罗马的粮食只能舍近求远，靠海运从埃及等地获得。在中国人的种子条播思想引起欧洲人注意之前，欧洲每年大约要浪费一半以上的谷种。"整个欧洲历史上说不清有多少百万农民靠笨拙可笑的犁来耕地，累弯了腰背，消耗了精力,而中国人享用比较有力的耕作方法已有 2000 多年。"奠定工业革命基础的欧洲农业革命,完全是由于引进了中国的思想和发明才得以实现。

作者不无遗憾地坦言:"现代社会赖以建立的基本的发明创造,可能有一半以上来自中国。然而这一重要事实,不但在西方鲜为人知,就是连中国人自己也缺乏认识。如果做出这些发明和发现的主人自己都不再要求得到发明和发现权,如果连他们自己对这些发明和发现的记忆都淡漠了,那么这些发明和发现的遗产继承人何苦还要替他们去争回丢失了的权利呢?时至今日,是否许多西方人还要求知道这些真相,恐怕都很有疑问。因为我们总满足于认为,我们现有的地位是靠自己经过孤立无援的努力而达到的,我们是一切才能和技能的值得夸耀的主人。"为此,他对书的副标题"西方对中国的债务"做出了这样的说明:"受用了中国的发明而不知其本源就是欠下了债务,但问题是发明创造者自己也无视自己的成就,既然没有人讨债,大家也就乐得享用了。"他甚至认为:"如果诺贝尔奖在古代已经设立,各项奖金的得主,就会毫无争议地全都属于中国人。"

坦普尔以一种宝贵的学术良知和记者特有的敏锐深刻认识到,人类文明是一个不可分割的整体,现代技术世界正是东西方文明相结合的产物,东西方都必须承认和尊重中国的贡献!

链接　　　　中国领先世界的 100 项发明

《中国:发现和发明的国度》列举的 100 项发明:1.鼓;2.二进位制;3.绳索;4.指南针;5.养鱼法;6.赤道式天文仪;7.十进

计数制；8.印刷术；9.漆，世界第一种塑料；10.铜镜；11.伞；12.风筝；13.米酒；14.弓箭；15.古代机器人；16.分行栽培与精细耕地法；17.铁犁；18.大定音钟；19.长明灯；20.算盘；21.地毯；22.双动式活塞风箱；23.水涌钵；24.空位表零法；25.化学武器；26.马胸带挽具；27.石油照明法；28.铸铁术；29.马肩套挽具；30.硝石鉴别方法；31.世界上第一条等高运河——灵渠；32.立体地图；33.吊桥；34.记谱法；35.造纸术；36.降落伞；37.焰火；38.微型热气球；39.墨水；40.曲柄摇手；41.耧；42.旋转式扬谷扇车；43.平衡环；44.白兰地与威士忌；45.豆腐；46.走马灯；47.百炼法，用生铁炼钢法；48.指南车；49.曲柄；50.独轮车；51.密封实验室；52.传动带；53.滑动测绘仪；54.水力风箱；55.龙骨水车；56.船尾舵；57.瓷器；58.地动仪；59.催泪弹；60.船中水密舱；61.平衡四角帆；62.定量制图法；63.纺车；64.纯硫提炼法；65.七根桅杆船；66.车前横木；67.马镫；68.自动控制机；69.人造金；70.初级砷提炼法；71.卷线钓鱼器；72.直升机水平旋翼和螺旋桨；73.桨轮船；74."西门子式"炼钢法；75.油印技术；76.水力磨面机；77.海滩航行；78.指针式标度盘装置；79.火柴；80.国际象棋；81.弓形拱桥；82.浮板；83.熨斗；84.纸币；85.火药；86.扑克牌；87.火焰喷射器；88.枪炮；89.麦卡托投影；90.链式传动装置；91.凸轮；92.运河船闸；93.种痘免疫法；94.机械钟；95.水雷；96.大炮；97.火箭；98.眼镜；99.古代直升机；100.回音壁。正是这些发明，曾改变过世界发展的进程。

二、蒙难的中国

1. 盛极而衰的大清王朝

历史进入清朝,行走了 268 年,中国进入了一个当时十分尴尬的时期。清朝的统治者是满族。一个当时人口仅 83 万的少数民族,统治了这个古老而庞大的帝国,包括它的国民中数达 5000 万人口的汉族。清朝创造了一个强大的时代,又让中国滑入了一个最衰败的时代。

论文治,清初康熙、雍正、乾隆三朝的 130 多年里,人丁剧增,民丰物阜,国泰民安,而且清朝也是我国历史上唯一没有全国性徭役制的朝代,史称"三代以下无斯盛",与同时期的欧洲相比毫不逊色。

论武功,清朝前期大力开疆拓土,经康、雍、乾三代皇帝七十余年的不懈努力,以乾隆二十四年(1759年)正式确立对新疆的统治为标志,中国实现了国家的完全统一,陆地领土面积达1300多万平方公里,是世界上版图最辽阔的国家。其疆域之广,民族之多,为中国两千余年所仅见!中国的周边国家,东之琉球、朝鲜,南之安南、缅甸、暹罗(泰国)、南洋苏禄群岛、婆罗洲及藏边廓尔喀(尼泊尔)、布鲁克巴(不丹)、哲孟雄诸国,西之中亚细亚国家,都向清朝称藩进贡。乾隆在位时,居住在东南亚"香料群岛"(今印尼东端)一带的苏禄(Sulu)等小国,畏于葡萄牙、西班牙、荷兰海盗的侵犯,曾主动上表"求内附",以为中国的藩属。这种西方列强和东洋日本梦寐以求甚至不惜发动侵略战争拼力争夺的"好事",乾隆皇帝却没有放在眼里,竟然下诏称"险远不许"。

　　清朝前期是中国经济快速发展的阶段。经过百余年大规模的垦荒造田,清朝的耕地面积稳步增长,到康熙六十年(1721年)末,全国耕地达735万公顷,合7.35亿亩,超过了明末6.7亿亩的数量;到雍正二年(1724年),耕地面积扩展为890万公顷,合10亿亩。由于经济发展,社会安定,人口也在迅速增长。康熙六十一年(1722年),全国人口突破1亿,雍正十二年(1734年)达到1.4亿,乾隆二十七年(1762年)突破2亿,乾隆五十五年(1790年)突破3亿,占当时世界人口的三分之一。清朝的人均土地约3亩多一点,尽管亩产数量史载不一,但是,毕竟一年的粮食产量能够养活3亿人口,也足见当时的粮食生产水平十分可观,超过了以往任何一个朝代。农业经济的发展,促进了商业、贸易、采矿、冶炼、手工业等部门的繁荣,城镇大量涌现出来。

　　顺治时入不敷出的中央财政,到康熙时已有了盈余。雍正五年(1727年)库存银增至5000万两;乾隆时常年库存六七千两,最高达 8000 多万两。丰富的中国产品,适应了西方的需求;西方国家则因物品不足以平衡交易,只能拿银子来换,导致大量白银流入中国。这在中外商品贸易中,在西方为"出超",中国则为"入超"。16 世纪后的 200 多年中,全世界白银的总产量为 12 万吨,其中约 6 万吨流入了中国,对中国经济的发展十分有利。国家财政充足,朝廷就可以一定程度地施惠于民。从康熙元年到四十六年(1662—1707 年),累计免去全国各地钱粮 1 亿余两。康熙五十年(1711 年)始,三年内"总蠲免天下地亩人丁新征、旧欠,共银三千二百六万四千六百九十七两有奇"。继而又宣布:自康熙五十年后所生人丁"永不加赋",也就是取消了千百年所行的人头税,是一项划时代的变革。乾隆时期先后 4 次全免天下钱粮,总额达一亿两千万余两。其规模之大,为历代所望尘莫及。

　　清朝的学术文化更是独步全球。文化、教育空前昌盛,诗词、歌赋、戏剧、小说、散文、绘画、书法等文学艺术异彩纷呈,是继汉、唐、两宋之后又一个辉煌的时代。康乾时期,古籍研究整理所涉猎的范围异常广泛,包括经学、史学、天文、算术、地理、农学、医学等方方面面,从比较宽广的范围展现了中国传统文化的博大精深。其中最重要、最具代表性的成果是乾隆时开馆编修的《四库全书》。《四库全书》第一次

文渊阁《四库全书》

系统整理了中国古代的典籍。编修者将中国历代重要典籍完整地抄录下来,分编于"经、史、子、集"四部四十四类之下,内容浩瀚,包罗万千,可以说是中国传统学术文化的总汇,被清代学者誉为"会诸家之大成,光稽古之圣治",乃"文治之极隆而儒士之殊荣"。《四库全书》的编纂,推动了清朝学术的全面发展。其时"海内从风,人文炳蔚,学术昌盛,方驾汉唐"。尽管清廷在编纂《四库全书》的过程中存在删改、销毁"违碍"、"悖逆"书籍内容的一面,但存录的卷帙,数量大于当时全世界其他各国现存书籍的总和!

　　清朝由盛转衰的急转点发生在乾隆后期,有人认为,最直接的原因是嘉庆元年(1796年)北方三省爆发白莲教起义。朝廷仅军费开支就耗费2亿多两,导致国家财政元气大伤。加上人口的急速膨胀和土地兼并的加剧,乾隆、嘉庆后已是"无田者半天下",以致"盗贼滋蔓,讼狱如荼",动乱事件连绵不绝。与唐朝的盛世不同,康、雍、乾三朝虽是盛世,但贪官污吏横行天下,仅和珅一家的家产就多达白银8亿两,相当于国家4年财政收入的总数。后来这个清代最大的贪官被抄家处死,朝野竟有"和珅跌倒,嘉庆吃饱"的笑谈。

　　晚清时期的中国风雨飘摇,王朝衰腐的症状逾益沉重,终至被内忧外患彻底压垮,封建帝制也由此走到了尽头。

　　美国政治学家保罗·肯尼迪在他所著的《大国的兴衰》一书中估计,乾隆十五年(1750年),中国的工业产值是法国的8.2倍,英国的17.3倍;到道光十年(1830年),仍是法国的5.7倍,英国的3倍。中国的人口,也从顺治八年(1651年)的6500万左右增加到嘉庆十七年(1812年)的3.6亿。按照英国著名经济史学家和经济统计学家安格斯·麦迪森 (Angus Maddison)《世界经济千年史》一书的统计,从 17 世纪末到 19 世纪初,清王朝统治下的中国在经济上的表现相当出色。康熙三十九年至嘉庆二十五年(1700 年到 1820 年),中国的 GDP 不但世界排名第一,占全球的比例也从 22.3%增长到 32.9%;人口从占世界总量的 22.9%增长到 36.6%。1830 年中国经济总量创造了至今无可匹敌的世界纪录,占世界 GDP 总量的三分之一,超过了现在美国经济占世界总量 25%的水平,更是日本从来不能也不敢想象的。

从 18 世纪 60 年代开始,英国率先进行工业革命,并扩展到法国等其他欧洲国家。根据《大国的兴衰》一书计算,1860 年,英国的生铁产量占世界的 53%,煤和褐煤的产量占世界的 50%,现代工业的生产能力相当于全世界的 40%~50%,人均工业化水平是中国的 15 倍。然而中国仍停留在农业和手工业时代。

过去,我们经常说近代中国"积贫积弱",但是,如果按照近 20 年来经济史学家提供的数据判断,近代中国其实一直是个经济大国。《大国的兴衰》引用经济史学者贝罗克的统计,说明中国经济总量世界第一的宝座,是到 1895 年才被美国抢走的。麦迪森也认为,"中国在之前近两千年的时间里一直是世界上最大的经济体,但到了 19 世纪 90 年代,它的这个位置被美国所取代";中国 GDP 被美国超过的确切时间,是中日签订《马关条约》的 1895 年。

1820 年,中国的 GDP 约为英国的 7 倍,却在 1840—1842 年的鸦片战争中被英国击败。1870 年中国的 GDP 是英国的 1.8 倍,而且大于英法的总和,却未能阻止 1860 年英法联军火烧圆明园。1883—1885 年,中国在中法战争中不战而败,此时中国的 GDP 却是法国的两倍多。1890 年,中国的 GDP 约为日本的 5 倍,但中国军队却在 1894—1895 年的中日甲午战争中一败涂地。

从 1840 年开始，作为世界最大经济体的中国在对外战争中连连失败，领土日益缩小，丧失了约 12% 的国土，国际影响力日趋低落。晚清中国虽然瘦死的骆驼比马大，相对来说是一个经济大国，但不是一个强国；相反，倒是一个屡遭侵略、屡屡割地赔款的弱国，一个主权不完整的半殖民地国家。

有人认为，中国近代衰弱的最大原因是同世界的隔膜。长期以来，在"天圆地方"的地理观念的支配下，中国人一直认为自己是世界的中心，四周都是蛮夷之地，因此世界上的其他地方都应该主动到天朝上国来接受教育。大海和大漠的阻隔，让中国失去了了解世界的愿望和机会。

公元前 2 世纪，大汉帝国建立于地球的东方，并在汉武帝统治时达到鼎盛时期，成为雄踞亚洲的强大国家。公元前 1 世纪，在地球西方的地中海沿岸，也崛起了一个大国——罗马帝国。两大帝国一东一西，遥相对应。由于高山大海的阻隔，这两大帝国及其所代表的东西两大文明之间并没有发生直接的交往。丝绸贸易是两国之间实现间接往来的唯一通道，而丝绸之路又为它必经之地的波斯商人所控制。

公元 97 年，东汉名将、西域都护班超率军追击匈奴，一直深入到中亚腹地，特意派遣他的副将甘英出使罗马。甘英带着特殊使命风尘仆仆地赶到波斯湾，打算渡海前往罗马。波斯船家得知他的使命后，担心汉朝与罗马的直接交往会打破波斯人对丝绸贸易的垄断，千方百计设法阻挠，拿大海来蒙骗这位长居陆地的中国使臣。他们告诉甘英："大海宽广辽阔，来往的人逢善风尚需三个月，若是遇到逆风，有时要两年才能够抵达，所以出海的人一般要带足三年的粮食。而且出海途中，孤独的人很容易恋土思乡，因此常有人抑郁而死。"

面对一望无际的蓝色大海和阵阵拍岸的惊涛海浪,波斯人那番连蒙带唬的话,让这位见惯青山碧野的大汉军人没有了底气。他第一次感受到大海的博大和自己的渺小,内心深处升腾起一股莫名的恐惧和犹豫,终于放弃了自己的使命,空手而归。大汉和罗马两大帝国,就这样失之交臂。

7—9世纪,世界上又出现了两个强大的帝国,大唐王朝和阿拉伯帝国(我国史书称之为"黑衣大食"的阿拔斯王朝)。到唐中晚期的唐玄宗天宝十年(751年),两大帝国之间发生了一次重大的军事冲突。

事情的起因发生在前一年,西域的石国(现乌兹别克斯坦首都塔什干一带)国王"无藩臣礼",唐朝大将高仙芝带兵讨伐,石国国王不敌而降。由于高仙芝在处理石国问题上措置不当,激起西域各国义愤,帮助石国向大食求救。751年,唐朝军队与阿拉伯军队在今哈萨克斯坦的怛罗斯城(现今的江布尔城)相遇,双方展开激战。关键时刻,随唐军远征的西突厥葛逻禄部落突然阵前倒戈,致使唐军腹背受敌,遭到惨败。几万战俘中有织造工、造纸工、金银匠等很多工匠。中国文明便随着这批战俘向西方迅速传播,直至欧洲国家。其中最具影响力的造纸术,就是这时传到撒马尔罕(今乌兹别克斯坦),再传到巴格达,最后又随着阿拉伯军队的四处征战传到欧洲,从而为欧洲的文艺复兴准备了条件,大大缩短了西方与中国文明的差距。遗憾的是,中西方的这次接触,仅仅以战争的形式呈现,文化交流"由东往西"的流向却没有改变。

元朝时期,出生于江西南昌的航海家汪大渊,曾于元明宗至顺元年(1330年)和至元三年(1337年)两度从泉州搭乘商船出发,航海到西洋各国,最远抵达埃及的特番里(杜姆亚特),甚至也有可能抵达摩洛哥的挞吉那 (丹吉尔)。他在元惠宗至正九年(1349 年)写作了《岛夷志略》一书,记述了自己亲历亲闻的 200 多个地方。可惜,这部重要的中外交通文献并没有引起国人的关注。大明成祖时期,曾经有过郑和七下西洋的壮举,但只限于宣扬天朝国威。

学术界将西方文化传入我国的过程称作"西学东渐",时间始于 17 世纪的明末清初,这是近代西方文化输入中国的初始时期。第一个踏入中国国门的是著名的传教士利玛窦。利玛窦在中国生活了很长时间,同中国科学家徐光启建立了深厚的友谊,他们曾经联手翻译过欧几里德的《几何原本》,从此在中国的数学园中第一次有了几何学。继利玛窦之后,先后又有几批欧洲传教士来到中国。著名的有汤若望、金尼阁、傅汛际等。作为传教士,他们不仅带来大量的基督教神学书籍,还带来了作为传教工具的西方的天文历法、算术知识以及演绎推理的思维方式。他们同中国学者结为朋友,交流学术,通过译介学术著作等方式,把西方文化介绍到中国。

15 世纪末,中国开始呈现出落后于西方的态势。度过中世纪漫漫长夜的欧洲,迎来了文艺复兴的伟大时代。文艺复兴的到来,意味着科学发展新纪元的开始。16 世纪欧洲科技加速发展,海外扩张日益增强,中国明朝皇帝却因为沿海的"倭寇"骚扰而下达了闭关令。16 世纪末,中国人看到利玛窦带来的世界地图,无不恼羞成怒,因为图中的中国不仅没有占据地球的绝大部分,而且不在中央位置。更令中国人可气的是利玛窦居然不承认中国"天圆地方"的观念,把大地说成是球形。如果不是他带来的自鸣钟等洋玩意儿吸引了朝廷,利玛窦恐怕早被逐出了国境。

部分有远见的中国学者认为西方文化的传入是好事。徐光启就明确指出西学"苟利于国，远近何论焉？"主张对于西方先进的科学技术"欲求超胜，必先会通"。但是，在更多的士大夫中间却盛行一股排斥西学的思潮。东西方文化背景的巨大差异，让各自的文化取向和利益取向发生了冲突和乖离。一些保守者甚至以儒家文化的价值规范来看待西方文化，视之为"外夷奇技"、"奇技淫巧"，暴露出士大夫阶层守旧、无知与褊狭的文化心态。

康熙年间，杨光先极力反对西洋历法。他说："宁可使中夏无好历法，不可使中夏有西洋人。无好历法，不过如汉家不知合朔之法，日食多在晦日，而犹享四百年之国祚。有西洋人，吾惧其挥金以收拾我天下之人心，如抢火于积薪，而祸至之无日也。"可见，中西文化一开始接触就已引起了激烈冲突和争论。18世纪，外国传教士卷入宫廷权力斗争，一些反对西方文化传入的官员更有了把柄和借口，趁机对西方文化大加诋毁。雍正皇帝一怒之下颁令将外国传教士不问青红皂白一个不剩全部赶走。乾隆皇帝不仅大举禁教，而且实行闭关政策，人为地中断了中西文化的交流。

1793年(乾隆五十八年)7月，英国政府派遣的一个外交使团抵达天津大沽口，试图叩开中国的大门。使团首脑马戛尔尼勋爵曾任驻沙皇俄国公使、加勒比总督和马德拉斯总督。700余人组成的使团中有外交官、天文学家、物理学家、工程师、医师、画家、乐师、技师、军官和士兵。携带的礼品是世界尖端科学技术的结晶，有天体运行仪、地球仪、赫歇耳望远镜、帕克透镜、气压计等科学仪器，有蒸汽机、棉纺机、梳理机和织布机等工业机器，有吊灯、座钟、机织布料、韦奇伍德瓷器、带有减震装置的马车、用特种钢制作的刀剑等生活用品，还有榴弹炮、迫击炮、卡宾枪、步枪、连发手枪等先进武器和装备了110门火炮的巨型战舰"君王"号舰艇模型；他们甚至还准备进行机械和光学示范以及热气球和复滑车表演，进行陆军、炮兵表演和铜管乐队的演奏。使团的主要目的，就是想利用给乾隆皇帝祝寿的机会，和清朝建立正式的外交关系，拓展英国的对华贸易。

使团在天津登陆后，经过多次交涉，才于9月14日在承德避暑山庄觐见了乾隆皇帝。清廷发现这位桀骜不驯的英国特使居然不行三跪九叩之礼，因而安排的短暂会见没有给马戛尔尼提供说话的机会。会见结束后，在清廷的要求之下使团匆匆离开中国，无功而返。乾隆，这位说得上是一代英主的封建皇帝，亲手缔造了清朝盛世，却又愚昧地认为大清并不需要那些实质上代表了世界最新潮流的机器、技术和贸易。

当"西学东渐"再度开始的时候，鸦片战争已经打开了中国关闭了一百多年的大门。然而，时代已经不属于中国。

链接	神功圣德碑

清朝立国之初曾有祖训，大意是后世子孙，如果觉得在位期间事功显赫，对得起列祖列宗，死后可在墓前神道上立一块神功圣德碑，记录他的文治武功。清朝共历10位皇帝。顺治、康熙、雍正、乾隆、嘉庆死后都立了碑。而道光、咸丰、同治、光绪、宣统五位皇帝皆因自己执政期间丧权辱国、割地赔款，因此死后无一敢立。神功圣德碑，有意无意间成了清朝由盛而衰的见证。

2. 鸦片之祸

　　国际竞争,恰如逆水行舟,不进则退!

　　地理观念的狭隘导致了国家目光的狭隘。康雍乾盛世之象麻痹了朝野上下"感知世界"的神经,夜郎自大地陶醉在一片歌舞升平之中。与历史上的几次盛世敞开胸襟、开放国界不同,清王朝由于种种现实的原因选择了闭关锁国的政策,对急剧变化的世界潮流几乎一无所知。自给自足的小农经济在近代资本主义生产方式面前相形见绌,势同天壤,似乎一夜之间就被西方工业革命所创造的生产力超越并迅速地抛在了后面。以科举制度为轴心的教育和文化,同近代科学疏远而存有隔膜;八股文、考据学,让中国的知识分子埋首在故纸堆中,几乎窒息了最后一点想象力,文化与科技的创新能力被严重束缚。官场的腐败是封建社会的顽症,到了清朝中后期已是病入膏肓。"三年清知府,十万雪花银";"八字衙门朝南开,有理无钱莫进来"。从中央到地方,贪风炽盛,贿赂公行,社会矛盾日益激化,末世之气很快覆盖了盛世之象。自大、保守、封闭、衰败的封建朝廷再也无力做出顺应时代的变革。而恰恰在这个时候, 处于上升期的西方列强将侵略的魔爪伸向了中国。这个古老的东方民族便运行阳九,在劫难逃了。

　　英国侵略者是用鸦片和坚船利炮两种武器打开中国大门的。

在鸦片战争前的 80 年里,至少有 5100 多艘外国商船,载着从世界各地掠夺来的黄金白银,到广州抢购中国制造的丝绸、瓷器和茶叶。巨大的贸易逆差,让英国政府和商人伤透了脑筋。为了平衡英国的对华贸易,这些唯利是图的殖民强盗竟然想到了"鸦片"!

鸦片,又称阿芙蓉,俗称"大烟"、"福寿膏",是从罂粟的汁液中提炼出来的一种药材,也是一种吸食后极易上瘾的毒品。英国向中国贩运鸦片始于 1727 年,起初还是作为一种镇痛的药物引进,数量较小。到 1767 年前,每年运进中国的鸦片不过 200 箱,每箱重约 133 磅,约合 60.3 公斤。

1757 年英国占领印度鸦片产地孟加拉,1773 年英属印度公司取得制造鸦片的垄断权。他们强迫孟加拉省种植鸦片,并使鸦片的蒸晒和调制适合中国吸食者的口味。1800 年,东印度公司确立了向中国倾销鸦片的政策,开始有意识地把鸦片当作主要商品大规模输入中国。这种罪恶的"贸易"先从珠江口开始,逐渐向东南沿海扩展,最后进入直隶和奉天海岸。据不完全统计,英国在 1830—1840 年向中国非法倾销的鸦片,每年平均为 24000 箱,销量最高的 1838—1839 年达到 35500 箱,每箱可牟取 400~800 银圆的高额利润。于是一种畸形的三角贸易出现在英国、印度和中国。英国资产阶级把本国生产的纺织品倾销到印度,又购进印度生产的鸦片转卖到中国,再购进中国的生丝、瓷器和茶叶销往本土和世界各地。其中最关键的环节是鸦片。鸦片贸易越大,"三角贸易"就越兴旺,英国资产阶级获取的利润就越多。

查顿和马地臣是英国最著名的两个鸦片贩子。查顿外号"铁头老鼠",原本是个穷光蛋,在鸦片贩卖中发了横财,拥有 100 万英镑家产,成为资产阶级顶礼膜拜的"英雄",鸦片战争后,竟然当选为英国议会议员。马地臣也是在鸦片贸易中成为百万富翁的,同样在鸦片战争后当选了议员,受封为爵士,甚至成了英国皇家协会会员,跻身于上流贵族之列。马地臣于1827年在澳门创办《广州纪事报》,每期公开刊登鸦片的行市。1832年,他又伙同查顿开办怡和洋行,拥有许多武装走私船,是广州当时最大的贩毒组织,将鸦片生意从东南沿海,一直做到天津和东北。1830年,马地臣和查顿纠集了47名大鸦片贩子,联名向英国下议院递交请愿书,要求英国政府"采取一项和国家政策相称的决定,取得邻近中国沿海一处岛屿",作为鸦片买卖的中转地。

英国走私鸦片的囤储地点原在澳门,后来遭到清政府的禁止,于是又把囤储点放到珠江口外的伶仃洋面,停泊固定的趸船,存放源源运来的鸦片,并派军舰以防不测。他们勾结广州的地痞,开设包售鸦片的黑店,称之为"大窑口";中外鸦片贩子的买卖先在黑店成交,再凭单据到趸船上提货;提取的鸦片由专门包办武装走私的快船运送到中国各地,再由各地的"小窑口"转售给烟馆和吸食者,形成了一条完密的供应链,一张巨大的销售网。

短短20年时间,罪恶的鸦片贸易就使英国彻底改变了对华入超的不利地位。19世纪20年代每年有200万两白银流出中国,到19世纪30年代,数字飙升到每年900万两。当时中国通用的货币是白银和制钱(即圆形方孔铜钱),每两银子约换制钱1000文左右,直到嘉庆朝这个比价仍基本稳定。白银大量外流的结果是直接造成"银贵钱贱"。从道光朝开始,情况日益严重,到1838年,一些白银流失严重的地区,每两银子竟可折换铜钱1600多文。银贵钱贱的最大受害者是劳动人民,他们必须用银两缴纳捐税,实际税负增加了50%以上。白银外流,银贵钱贱,又造成百业萧条、市场凋敝。清政府收入减少,财政更加困难。

鸦片最大的祸害是对中国人身心健康的摧残。百姓吸食鸦片致倾家荡产者比比皆是,人之状态几乎在人鬼之间。清兵吸食鸦片,不习武功,战斗力明显下降;官僚吸食鸦片,不理政事,官场政治更加腐败,有些人甚至与洋人勾结纵容鸦片走私,大发国难财。马克思在《鸦片贸易史》一书中,援引英国人蒙哥马利·马丁《论中国的政治、商业和社会》的一段话说:"同鸦片贸易比较起来,奴隶贸易是仁慈的;我们没有摧残非洲人的肉体,因为我们的直接利益要求保持他们的生命;我们没有败坏他们的品格,没有腐蚀他们的思想,没有扼杀他们的灵魂。可是鸦片贩子在腐蚀、败坏和毁灭了不幸的罪人的精神世界以后,还折磨他们的肉体。贪得无厌的摩洛赫时时刻刻都要求给自己贡献更多的牺牲品,而充当凶手的英国人和吸毒自杀的中国人彼此竞争着向摩洛赫的祭台贡献牺牲品。"

到了19世纪30年代晚期,鸦片贸易已使中国几无可用之兵,更无可用之饷。据统计,全国大约有1000万~2500万人在定期吸食鸦片,如果加上那些有毒瘾的人和吸毒一次以上的人数约为3690万人,占全国人口的19%,年龄最小的只有12岁。大清帝国终于意识国家到了生死存亡的历史关头。乾隆四十五年至道光十年(1780—1839年)的60年中,清政府上至朝廷,下至督抚衙门,先后发布过45道谕旨和文告,禁止贩运和吸食鸦片。但是廷臣中对禁鸦片一事意见纷纭,措施不力。道光朝太常寺少卿许乃济甚至提出"许民间种罂粟以塞漏卮"的主张,明禁暗运现象愈演愈烈。从道光十一年(1831年)起,鸿胪寺卿黄爵滋先后提出

《纹银洋银并禁出洋疏》《综核名实疏》《六事疏》《请严塞漏卮以培国本疏》,提出禁银出海,通过严惩吸食者以收釜底抽薪之效。他举例说明一个事实,为什么英国大量贩卖鸦片却没有人吸食鸦片?原因就在于他们有严酷的法律遏制。一旦"红毛人有自食鸦片者,其法集众红毛人环视,系其人竿上,以炮击之入海,故红毛人无敢食者"。

1838年,道光帝任命林则徐为钦差大臣赴广州厉禁鸦片。林则徐缉拿烟贩,整顿海防,成效显著。1839年3月10日,他在两广总督邓廷桢、广东水师提督关天培等爱国官兵和广大民众的支持下,收缴英美鸦片20283箱又2119麻袋,计118.8127万公斤,并于1839年6月3日至25日(道光十九年四月二十二日至五月十五日),在虎门海滩组织军民用盐卤和石灰浸化之法当众销毁。"虎门销烟"震撼世界,成为世界禁毒史上的第一块丰碑。迄今为止,国际上一次性销毁的毒品数量仍未超过林则徐虎门销烟的数量。

虎门销烟令断了财路的英国资本家和鸦片贩子恼羞成怒,在他们的鼓动下,英国悍然发动了世界史上臭名昭著的鸦片战争。1840年6月,侵华英军总司令兼全权代表乔治·义律率领军舰16艘、运兵船1艘、运输船27艘、武装轮船4艘,士兵4000余人抵达广州海面。6月28日,义律下令封锁广州珠江口,正式打响鸦片战争。束手无策的道光帝听信投降派大臣的意见,将林则徐革职发配新疆,派人议和;后又觉得有损尊严,决定对英宣战。在战场上,被鸦片毒害的清军敌不过英军的洋枪洋炮,中国战败,被迫于1842年签订了《中英南京条约》,全部接受英国提出的条款:割让香港岛;开放上海、广州、福州、厦门、宁波五大口岸给英国人贸易居住;赔偿洋银2100万银圆。美国、法国等西方列国也趁火打劫,纷纷迫使中国签订不平等条约,中国主权一步步丧失。鸦片走私大门洞开,潮水般地涌入中国。

从1800年英国东印度公司确立鸦片政策,到1839年鸦片战争爆发之前,以英国为主的殖民者共向我国输入鸦片638119箱,价值6.01亿银圆;1880年,印度鸦片的出口量激增到10万箱,约80%以上流入中国。

第二次鸦片战争后,外国鸦片被称作"洋烟"进一步"合法"进口。19世纪80年代每年进口量10万箱,达到了最高峰。1907年,在中国人民与国际舆论的压力下,英国被迫与清政府签订禁烟条约,每年递减一成,到1917年禁绝。民国时期,日本取代英国成为向我国输入毒品最多的国家。尤其是日本发动侵华战争以后,毒品更成为征服中国人民的一种特殊武器。在日军占领区内,鸦片产量高达2万吨,约有3200万中国人吸食各类毒品。外国毒品的输入,一直到新中国成立后才彻底停止。它不仅毒害了数以千万计的中国人,还从我国夺走了远比商业利润、战争赔款多得多的财富。

<table>
<tr><td>链接</td><td>黄爵滋</td></tr>
</table>

黄爵滋,字德成,号树斋,江西宜黄县人,官至礼部和刑部侍郎,清代著名的政治家、思想家、文学家,中国倡导禁绝鸦片烟的先驱人物。道光十八年(1838年),时为鸿胪寺卿的黄爵滋上《请严塞漏卮以培国本疏》,列举大量事实说明银两外漏与吸食鸦片的关系,认为"耗银之多,由于贩烟之盛;贩烟之盛,由于食烟之众",加上官吏的贪赃枉法,致使禁烟难成,主张"必先重治吸食"

以绝烟患,提出了无论官民,吸食者给予一年期限戒烟,逾期未成者,平民处以死罪,官吏加等治罪等项具体措施。道光帝将奏疏交内外大臣讨论,议立章程。黄爵滋又二次连奏道光帝,提出必派主禁大臣,严惩私通番夷首恶。黄爵滋的奏疏得到湖广总督林则徐的赞同,也接着连上《筹议严禁鸦片章程折》和《钱票无甚关碍宜重禁吃烟以杜弊源片》两道奏疏,加强了道光帝禁烟的决心。道光帝称赞黄爵滋禁烟疏中表现的一片赤诚:"非汝痛发其端,谁肯如此说话?"随即令林则徐前往广东查禁鸦片,黄爵滋改调通政使。鸦片战争开始后,黄爵滋受命驰赴闽浙一带,与邓廷桢共同查禁鸦片,加强海防建设,改造武器装备,制订战守方略,招募水勇乡勇支援水师,并向朝廷进献《海防图》。史家评论说"禁烟之议,创自黄爵滋"。在西方,曾有人绘黄爵滋、林则徐、关天培三人画像,称为"三忠",可见影响之大。

3. 铁蹄下的屈辱和苦难

鸦片战争让古老的中国遭受到前所未有的冲击,社会性质、阶级关系产生了剧烈的变化。从此,中国逐步走向半殖民地半封建社会。

鸦片战争成为中国近代史的起点。从1840年到1949年的一百多年时间里,中国遭受了西方列强野蛮而残酷的侵略和殖民,遭受的屈辱与苦难世所罕见。可以说,一部中国近代史,就是一部中华民族的屈辱史和苦难史。

鸦片战争以清政府的失败而告终。中国的大门,被西方列强的坚船利炮砸开。战争后,列强相继染指中国,最直接的手段是军事侵略。

早在鸦片战争前,西方列强就已对中国的沿海、边疆进行了多次海盗式的骚扰和武力侵犯。从 1840 年到 1919 年的 80 年间,帝国列强对中国发动的大规模侵略战争就有 5 次,即第一次鸦片战争、第二次鸦片战争、中法战争、中日甲午战争和八国联军侵华战争。几乎所有的资本主义、帝国主义强国,都参与了对中国的侵略和掠夺,清政府在历次战争中均遭惨败。

战争中,伤害最大的是平民百姓。侵略者将西方所谓"自由、平等、博爱"的旗子撕成擦亮刀枪的布条,然后举起屠刀对无辜的平民进行野蛮血腥的屠杀。甲午战争中,日军于 1894 年 11 月占领旅顺,惨绝人寰的大屠杀持续了 4 天,死难者达 2 万余人。1900 年 8 月,八国联军攻打京津,铁蹄所至,尸横遍野,仅庄王府一处,就杀死义和团成员与平民 1700 多人,伤者不计其数。同年,沙俄在中国东北制造了"海兰泡惨案"、"江东六十四屯惨案"等一系列惨案。他们烧光中国人居住的村庄,无情地枪杀居民或者将百姓驱入黑龙江中活活淹死,死难同胞 7000 多人。瑷珲古城被烧成一片废墟。

列强每次发动的侵华战争,都是一场公开的强盗式的抢劫,而被抢劫者在战后反倒要向强盗支付巨额的战争赔款。这样荒唐的强盗逻辑,正是那些号称"文明"的西方国家制定并成为流行法则的!据统计,近百年来,外国侵略者通过不平等条约掠去中国战争赔款和其他款项达 1000 亿两白银。其中《南京条约》《马关条约》《辛丑条约》等 8 个不平等条约就勒索赔款 19.53 亿两白银，相当于清政府 1901 年 16 倍的财政收入。而日本仅通过《马关条约》勒索的 2.3 亿两白银赔款，则相当于当时日本国家财政四年半的收入。一笔笔巨额的赔款，榨干了中国人民的膏血，养肥了帝国列强并进一步成为他们剥削和掠夺中国的资本。战争中被列强公开抢劫的中国财富，肆意破坏的中国文物和古迹所造成的损失更是难以估算。日本全面侵华战争期间(1937—1945 年)，中国被占领的城市有 930 余座，直接经济损失达 620 亿美元，间接经济损失超过 5000 亿美元。

大中国的国土，更成为帝国列强饕餮盛宴中的"肥肉"。据不完全统计，1840—1949 年，列强迫使中国政府签订的不平等条约

《马关条约》签字时的情景

多达 1100 多个,其中清政府签订的占一半多。凭借这些不平等条约,列强侵吞了大片中国领土。1842 年,英国迫使清政府签订《南京条约》,割让香港岛;1860 年,又通过签订中英《北京条约》,迫使清政府割让香港岛对岸的九龙半岛南端和昂船洲。1849 年,葡萄牙武力强占澳门半岛,并于 1887 年胁迫清政府订立《中葡和好通商条约》,允许葡萄牙"永居管理澳门"。1895 年,日本迫使清朝签订《马关条约》,割去台湾全岛及所属各岛屿和澎湖列岛。在中国近代历史上,通过不平等条约侵占中国领土最多的列强国家是沙皇俄国。沙俄于 1858 年胁迫黑龙江将军奕山签订《瑷珲条约》,割去黑龙江以北 60 万平方公里领土。1860 年,通过签订中俄《北京续约》,割去中国乌苏里江以东领土 40 万平方公里。通过《北京条约》和中俄《勘分西北界约记》又割去中国西北 44 万平方公里领土。俄国前后共侵占中国领土 151 万多平方公里,是近代侵华列强中最大的受益者。

列强瓜分中国《时局全图》(谢缵泰绘)

在侵占领土的基础上,列强国家又在中国划分各自的势力范围。1898 年,德国强租胶州湾,把山东视为其势力范围。沙俄强租旅顺口、大连湾及其附近海面,把长城以北作为它的势力范围。英国强租山东威海卫和香港岛对岸的九龙半岛界限街以北、深圳河以南及附近岛屿,以长江流域为其势力范围。1899 年,法国强租广州湾及其附近水面,把广东、广西、云南作为它的势力范围;日本则声明福建为其势力范围。1845—1911 年,列强还运用武力或欺诈手段,在通商口岸设立由外国直接控制和统治的租界,先后在上海、天津、汉口、广州、福州、重庆等 16 个城市设立了 30 多个租界,使之成为外国侵略中国的据点,成为名副其实的"国中之国"。

在列强的压迫和蹂躏下,中国不仅丧失了独立的领土主权,而且丧失了政治管理权和经济发展权。

赤裸裸的政治控制被列强视为攫取长期利益的保障。《天津条约》的一项重要内容,就是允许外国公使常驻北京。这些列强国家派驻的驻华公使和领事,同平等设立的现代国际外交体制完全不同,根本不是现代意义的外交官。他们以战胜者的姿态进入北京,通过享有领事裁判权、海关管理权以及对外交涉等特权,培植买办官僚,刺探军政情报,而且时常以"劝告"、"建议"等方式干涉中国的内政与外交,成为清政府头上的"太上皇"。美国公使田贝曾得意扬扬地说,他们可以在北京直接向中国政府发号施令,并且经常教训清政府的大臣什么事要做,什么事一定不许做。

1901 年《辛丑条约》规定,外国军队有权在北京使馆区和北京到大沽、山海关一线包括天津、唐山等 12 处留兵驻守。从此列强取得了在中国领土驻兵的特权,将清政府完全置于外国侵略者的武装监督和武力威胁之下。外国军队长期驻扎中国,在一定程度上控制了中国的国防和军事力量,中国军队从装备到士兵训练,从军事计划到部队指挥,都得秉承外国侵略者的旨意。

　　由于中国还不是西方列强和日本完全的殖民地,还不能完全按照殖民地的统治方式来统治整个中国。于是,在第二次鸦片战争后,西方列强和日本便开始在中国扶植和收买自己的侵华代理人,甚至企图把中国当时的最高统治者慈禧太后变成他们的傀儡。在八国联军的打击下,不甘屈从傀儡地位的慈禧太后逐渐丧失了反抗的能力与心力,被迫表示要"量中华之物力,结与国之欢心"。清政府开始变成"洋人的朝廷"。辛亥革命以后,西方列强和日本支持袁世凯篡夺辛亥革命的果实,建立北洋军阀政府,意图扶立新的代理人;袁世凯死后,又再把目标转向了北洋军阀的各个派系。

　　海关是一个国家主权的象征。近代中国海关的实际控制权却操弄在外国列强手里。1861 年大清皇家海关总税务司署在上海成立,1865 年迁至北京。海关的最高行政长官叫"总税务司",掌握行政、用人大权。中国海关从总税务司到高级职员竟然全部由外国人充任,也就是掌握关卡的钥匙不在主人而在被管卡的对象手里。海关总税务司任职期间俨然就是清政府的最高顾问,而分设在各通商口岸的海关税务司则成了各地方政府的高级顾问。英国人赫德 1861 年任代总税务司,至 1908 年卸任回国,主持中国海关事务近半个世纪,而且获得清政府正一品官位,在世界史上简直就是一则奇闻。赫德曾向清政府提出《局外旁观论》,教训中国政府必须遵守不平等条约。他还帮助英国迫使李鸿章签订了《烟台条约》。中法战争期间,赫德指使他的亲信充当中国政府的专使,到巴黎与法国签订和约。在《辛丑条约》的谈判中,赫德也是一个重要的帮凶。

　　关税自主权的丧失,意味着国家失去了重要的经济主权。《南京条约》规定,英国商人进出口货物的税率,要由中英两国"秉公议定则例",进口税率被压低到"值百抽五",即 5%左右,开了所谓协定关税的恶例。中国丧失海关自主权便从这里开始。1858年,《天津条约》规定,外国商船可以自由地在各通商口岸转口,不需要重新课税。洋货只需在海关交纳 2.5%的子口税,就可以在中国内地通行无阻。外国廉价商品依仗特权和低税,在中国市场上大量倾销,排挤中国工业品和手工业产品,并获取高额利润。中国海关不仅不能起抵制外国商品倾销、保护民族经济的作用,反而成为外国对中国进行经济侵略的重要工具。

清政府在列强的胁迫下,将口岸一个个开放了出来,将市场一片片祖露了出来。鸦片战争前,清朝只允许外国商人在广州一地贸易,而且必须经过官方指定的公行即"十三行"进行。1842年《南京条约》规定,开放广州、厦门、福州、宁波、上海 5 个港口城市为通商口岸。1858 年《天津条约》规定,开放牛庄(后改营口)、登州(后改烟台)、台湾(后定为台南)、淡水、潮州(后改汕头)、琼州、汉口、九江、南京、镇江等 10 个口岸,从沿海直达沿江。1860 年《北京条约》规定增加开放天津为通商口岸。在陆道上,清政府还向俄国开放了伊犁、喀什噶尔等商埠。所有的通商口岸内,外国人都依仗不平等条约享有种种特权,插手和控制当地的工商、金融事务,甚至设立租界,实行局部地方完全的殖民统治。

中国变成了列强国家倾销商品的市场和取得廉价原料的基地,对外贸易逆差数额越来越大。《马关条约》签订前,列强主要以商品输出和不等价交换的殖民贸易进行经济掠夺;利用协定关税权、海关管理权、片面最惠国待遇、免除子口税以及在中国沿海和内河的航运权等一系列经济特权,达到高价销售商品、廉价掠夺原料的目的,同时还干着走私贩毒、掠夺华工的卑鄙勾当。《马关条约》签订后,列强又转向在中国开设银行,修筑铁路,开采矿山,投资设厂,以资本输出的方式掠夺中国。到 1900 年,外资投资工厂 933 家,1901 年到 1911 年外资在华 10 万元以上的新增企业就有 90 家。到 1911 年,外国在中国直接和间接控制的铁路达 9000 多公里,占中国铁路里程的 93.1%;开采矿山 34 处,霸占了中国十几个省区的主要矿山。到 1913 年,外国在华开设银行 21 个,有 101 个分支机构,控制和垄断了中国的金融业。列宁曾形象地揭示:资本输出的剥削程度,就是"从一头牛身上刮下两张皮来"。近百年中,列强通过暴力和非暴力的,非法的与所谓"合法"的手段,从中国掠去数以亿计的白银和物质财富。一个独立自主、领土完整的中国,就这样被弄得主权丧尽,山河破碎;一个地大物博、资源丰富的中国,就这样被弄得国弱民穷,经济落后,民不聊生。

| 链接 | 租界 |

租界,在中国特指近代历史上帝国主义列强通过不平等条约强行获取的租借地的简称,多位于重要港口城市。1845 年 11 月 29 日,英国通过《上海租地章程》取得第一个租界。1848 年,美国圣公会教士文惠廉在上海苏州河北岸虹口一带,擅自置地建造房屋;紧接着法国于 1849 年 4 月在上海建立法租界。此后,租界制度逐渐扩展到如广州、厦门、天津、汉口、九江等许多通商口岸。

上海租界最初建立时,中国政府对租界内的行政、司法等事务有一定的干预权,并保有租界内的领土主权,规定租界内土地为永租而不是卖绝。随着帝国主义对中国侵略的加深,中国在租界内保有的权利被逐渐侵犯直至被完全剥夺。租界成为"国中之国",成为帝国主义从政治上、经济上、军事上、文化上侵略和奴役中国人民的据点。新中国成立之前,西方列强在我国共有27处租界和北京的使馆界。

以地区论,天津租界最多,有英、法、美、德、日、俄、奥匈帝国、意大利和比利时设立的9处租界;以国别论,日本的租界为最多,有天津、汉口、苏州、杭州、沙市、重庆、福州、厦门8处。

1937年抗日战争开始前,我国收回10处租界,分别是天津的德租界、奥匈租界、俄租界、比利时租界,汉口的德租界、俄租界、英租界,九江的英租界,厦门的英租界和镇江的英租界。第二次世界大战期间,美、英等国迫于形势,于1943年1月,分别与国民党政府签订"新约",声明"取消在华治外法权及其有关特权",租界在形式上被废除,但直到新中国成立后租界制度才真正被取消。

4. "万园之园"的毁灭

圆明园,坐落在北京西郊的海淀区,与颐和园靠得很近。作为西方列强侵略中国的一个活生生的物证,也作为中华民族屈辱历史的见证,依然保存着"遗址公园"的面貌。

　　圆明园本是一座清代的大型皇家园林,始建于康熙四十六年(1707 年)。康熙皇帝把园子赐给了他的四子胤禛,就是后来的雍正帝,并赐名为"圆明园"。

　　圆明园经过雍正、乾隆、嘉庆、道光、咸丰 5 位皇帝 150 多年的经营,集中了大批物力,役使了无数能工巧匠,倾注了千百万劳动人民的血汗,终于变成一座规模宏伟、景色秀丽的离宫。清朝皇帝每年盛夏都要到这里避暑、听政,因此也称"夏宫"。

　　圆明园周围连绵 10 公里,由圆明园、万春园、长春园(绮春园)组成,以圆明园最大,故统称"圆明园",亦称"圆明三园"。圆明园的东、西、南三面,建有许多属园,如香山的静宜园、玉泉山的静明园、清漪园(后来在此基础上建成了颐和园)等。全园面积合计5200 多亩。

焚毁前的圆明园

长春园西洋楼养雀笼早期遗址

这座世界富丽无双的皇家园林,设有 19 座园门和 5 座水闸。园内有殿堂楼阁、轩馆廊榭等各种建筑 140 多组,木制和石制桥梁 100 多座,各种风景点 100 多处,收藏了《四库全书》《古今图书集成》和《淳化阁帖》摹版等大量珍贵的图书、字画和文房珍宝。

圆明园也是一座以水为主题的水景园。水面占全园面积的一半以上。设计者按照神话中天下之水发源于昆仑山的传说,将来自玉泉山的水源,通过颐和园的昆明湖和清河支流万泉河,由西马厂铁闸从西北注入圆明园的紫碧山房,然后散布于各园。水道连通全园湖泊,形成了整座园林的脉络。

圆明园的景观大量取材于中国的神话传说和诗画意境,如方壶胜境、蓬岛瑶台、武陵春色、上下天光、杏花春馆等,并仿建了许多江南名胜。

圆明园集结中国园林艺术的精粹,并融会了西方建筑风格,

被建筑和园林艺术界称为中国园林艺术史上的巅峰作品，中国古典园林平地造园、堆山理水集大成的典范。西方传教

圆明园舍卫城遗址

士在参观了圆明园之后惊叹不已，称之为"万园之园"，先后将圆明园介绍到欧洲，对欧洲几何图案人工园林和英式纯自然风景园的传统法式造成了极大冲击。此后人工建筑与自然山水结合的中国式园林风格开始引入西方。英国造园师为肯特公爵建造的邱园，就参考了中国的造园理论。

1856 年，英国与法国以咸丰皇帝拒绝续签《南京条约》为由，借口亚罗号事件和广西西林教案马神甫事件，组织英法联军进攻中国，史称"第二次鸦片战争"。1860 年 10 月 13 日，英法联军从安定门攻入北京，洗劫并焚毁了这座世界著名的中国皇家宫殿和园林。大火持续了两天，300 多名太监和宫女葬身火海。

2007 年，一位年轻的中国留美学者，将《纽约时报》晚清时期对华的报道、评论选编成书，年代从 1857 年 1 月至 1911 年 10 月，起名为《帝国的回忆》，被称为美国版的晚清史。书中收录了 1860 年 10 月 9 日一位英军随营记者的报道，可以让我们客观地看到历史"第一时间"的真相：

　　为何我军没按计划继续向圆明园挺进尚不得而知。而法军和我军的骑兵队，连同一些炮兵则按计划向圆明园进发。但法军落后于我军两个小时才到达那里。彼时，已到达那里的英军部队正在等待着其余部队。当法国人到达时，英军指挥官提议与他们合作。法国人要求英军绕到园后去切断鞑靼人的退路，而他们自己则从正面进攻皇家园林。法国人的确进攻了，他们发现圆明园中有300名太监在负责，另外只有40名男人在掌管着花园，他们中只有20人有武器。皇家园林方面只进行了微弱的抵抗，两名太监被杀，而法军有两名军官受伤。接着，法军就占领了这座皇家园林。

　　据说我军没再继续前进的原因是发现一支鞑靼军队出了北京东北大门，并且在往南的方向消失，因此我们应该追击他们。我想这是个假情报。

　　从我们宿营地工事的外面，沿着一条曲折的路到位于西北方向的圆明园，大约有五英里的路程。在马戛尔尼阁下的公使馆中，斯当东的文章以及其他一些有关大清国的作品都对圆明园进行了描述。然而，最近这两天发生在那里的景象却是任何笔杆子都无法恰当描述的。不分青红皂白地抢掠被认可。贵宾接待厅、国宾客房和私人卧室、招待室、女人化妆室，以及其他庭园的每个房间都被洗劫一空。清国制或外国制的艺术品有的被带走，有的体积太大无法搬走就把它们砸毁掉。还有装饰用的墙格、屏风、玉饰、瓷器、钟表、窗帘和家具，没有哪件东西能逃过劫难。数不清的衣橱里挂满了各式各样的服装、外套，每件都用华贵的丝绸和金线刺绣着大清皇室特有的龙纹，另外还有统靴、头饰、扇子，等等。事实上，房间里面几乎到处都是这些东西。储藏室装满了成匹成匹的上等丝绸,一捆一捆地摆放着。这些丝绸在广州光买一匹就要花 20~30 美元。粗略估算,这些房间里的丝绸肯定有七八万匹之多。它们被扔在地上随意践踏,以至于地板上铺满了厚厚的一层。人们拿着它们彼此投来投去,所有人都尽其所能拿走了他们所看中的丝绸。这些丝绸装了很多车,捆绑这些车辆用的不是绳子而是丝绸。整个法军营地都被这些抢劫来的丝绸堆满了,法国人用它们来做营帐、床铺、被单等。

昨天下午,一群法国人拿着棍子又到各房间去搜寻了一遍,打碎了剩下的每样东西——镜子、屏风、面板,等等。据说,他们这样做是为了给他们的同胞——也就是被释放的战俘报仇,因为这些战俘受到了对方残暴的对待。联军的宪兵队守卫着一座装有巨量金块和银锭的宝库,这些财宝将由英国人和法国人瓜分。

皇帝的宝座用雕刻精美的木料制成,而其坐垫则是用黄金做成的龙来镶饰,这让所有的人都感到美慕。皇家园林里面的每个房间和客厅都布置得非常漂亮,成卷的丝绸、锦缎和织纱都有极好的做工。贵妇用的装饰带和薄头巾现在穿戴在法国士兵的身上和头上,他们在这方面似乎沿用了我们爱尔兰人的风俗习惯。玉器和陶瓷都具有极高的价值,而许多陶瓷肯定会让世界上的古董爱好者们赏心悦目。

有一柄供观赏用的宝剑,插在刻有英式盾形纹章的剑鞘之内,上面镶嵌着宝石,年代非常久远,它引起了人们的思索和遐想。最新的《天津条约》也被人们发现了。所有抢掠来的物品数量之多让人们几乎不知道到底该把哪些东西带走。丝绸的数量可以通过下面人们想到的装运方法略见一斑，那就是，皇家使用过的银钵、瓷瓶、罐壶等都使用最昂贵的绸缎来包裹。

皇宫里的女人们都不见了踪影，而她们那些小小的日本宠物狗，有点像查尔斯王子的西班牙猎犬那种，还在烦乱地到处奔跑着。威妥玛先生把一些珍贵的书籍和文件保护起来，我想，他这样做是为了大英图书馆。

清国皇帝是前天离开的，但我想我们还不知道他的目的地。据说，法国人中间曾发生过一阵恐慌，以致他们撤出了圆明园。不过，当警报平息时他们又折了回来。有一件事是肯定的，那就是，我们的法国盟军会很好地照顾他们自己。

这样具体而生动的报道，在今天，完全可看成是一份翔实到没掺一点水分的供状。

1860年10月18日，法国作家维克多·雨果，这位有良知的文化巨匠写了一封《致巴特勒上尉的信》，强烈谴责了这场毁灭世界优秀文化的暴行，称之为"两个强盗的胜利"。他愤怒地写道：

先生：

您很想知道我对军事远征中国一事的看法。既然您认为这次远征是一桩豪迈而又体面的事情，那就只好劳驾您对我的看法赋予一定的意义。在您看来，维多利亚女皇和拿破仑皇帝的联合舰队所进行的这次远征真是无上的荣耀，而且还是法兰西和英吉利共同分享的一次荣光，因此您很想知道，我对英法的这次胜利是否有充分的认识。既然您想听听我的意见，那我就来谈谈我的看法。

在地球上的一个角落里，有一个神奇的世界，这个世界就叫作夏宫。奠定艺术基础的是这样两种因素，即产生出欧洲艺术的理性与产生出东方艺术的想象。在以想象为主的艺术里，夏宫就相当于以理性为主的艺术中的帕特农神庙。凡是人民——几乎是神奇的人民的想象所能创造出来的一切，都在夏宫身上得到体现。帕特农神庙是世上极为罕有的、独一无二的创造物，然而夏宫却是根据想象拓制出来的一个硕大的模型，而且也只有根据想象才能拓制出这样的模型。您只管去想象那是一座令人神往的，如同月宫的城堡一样的建筑。夏宫就是这样的一座建筑。您尽可以用云石、玉石、青铜和陶瓷来创造您的想象；您尽可以用云松来做它的建筑材料；您尽可以在想象中拿最最珍贵的宝物，用华丽无比的名绸来装饰它；您可以借想象把它化为一座宫殿，一间闺房，一个城堡；您尽管去想象那里住的全是神仙，遍地都是宝；您尽管去想象这座建筑全是用油漆漆过的，上了珐琅的，镀金的，而且还是精雕镂刻出来的；您尽可以在想象中指令那些具有跟诗人一般想象能力的建筑师，把《一千零一夜》中的一千零一个梦表现出来；您也尽可以去想象四周全是花园，到处都有喷水的水池、天鹅、朱鸳和孔雀。总之一句话——您尽可以凭人类所具有的无限丰富和无可比拟的想象力，把它想象为是一座庙堂，一座宫殿——这样，这个神奇的世界就会展现在您的眼前了。为了创造它，需要整整两代人成年累月地进行劳动。这座庞大得跟一座城池一样的建筑物，是经过好几个世纪才建筑起来的。这是为什么人建筑的呢？是为世界的各族人民。因为创造这一切的时代是人民的时代。艺术家、诗人、哲学家,个个都知道这座夏宫;伏尔泰就提到过它。人们常常这样说:希腊有帕特农神庙,埃及有金字塔,罗马有大剧场,巴黎有圣母院,东方有夏宫。没有亲眼看见过它的人,那就尽管在想象中去想象它好了。这是一个令人叹为观止的,无与伦比的艺术杰作。这里对它的描绘还是站在离它很远很远的地方,而且又是在一片神秘色彩的苍茫暮色中作出来的,它就宛如是在欧洲文明的地平线上影影绰绰地呈现出来的亚洲文明的一个剪影。

这个神奇的世界现在已经不见了。

有一天,两个强盗闯入了夏宫,一个动手抢劫,一个把它付之一炬。原来胜利就是进行一场掠夺。胜利者盗窃了夏宫的全部财富,然后彼此分赃。这一切所作所为,均出自额尔金之名。这不禁使人油然想起帕特农神庙的事。他们把对待帕特农神庙的手法搬来对待夏宫,但是这一次做得更是干脆,更是彻底,一扫而光,不留一物。即使把我国所有教堂的全部宝物加在一起,也不能同这个规模宏大而又富丽堂皇的东方博物馆媲美。收藏在这个东方博物馆里的不仅有杰出的艺术品,而且还保存有琳琅满目的金银制品。这真是一桩了不起的汗马功劳和一笔十分得意的外快!有一个胜利者把一个个的口袋都塞得满满的,至于那另外的一个,也如法炮制,装满了好几口箱子。之后,他们才双双手拉着手荣归欧洲。这就是这两个强盗的一段经历。

我们,欧洲人,总认为自己是文明人;在我们眼里,中国人,是野蛮人。然而,文明却竟是这样对待野蛮的。

在将来交付历史审判的时候,有一个强盗就会被人们叫作法兰西,另一个,叫作英吉利。不过,我要在这里提出这样的抗议,而且我还要感谢您使我有机会提出我的抗议。绝对不能把统治者犯下的罪行跟受他们统治的人们的过错混为一谈。做强盗勾当的总是政府,至于各国的人民,则从来没有做过强盗。

法兰西帝国侵吞了一半宝物,现在,她居然无耻到这样的地步,还以所有者的身份把夏宫的这些美轮美奂的古代文物拿出来公开展览。我相信,总有这样的一天——这一天,解放了的而且把身上的污浊洗刷干净了的法兰西,将会把自己的赃物交还给被劫夺的中国。

我暂且就这样证明:这次抢劫就是这两个掠夺者干的。

阁下,您现在总算知道了,我对这次军事远征中国的事情,是有充分的认识的。

雨果在信中提到的额尔金父子,是著名的英国殖民主义者。老额尔金曾任外交官员,参加过毁坏希腊雅典帕特农神庙的行动,并掠走了神庙里精美的大理石雕像。小额尔金曾任英国驻加拿大总督,1860年10月,英法联军火烧圆明园的罪魁之一。

"万园之园"的毁灭,是世界文化最巨大的损失,更是中华民族心头永远的伤痛。在今天,中国有足够的财力重现圆明园昔日的辉煌。然而,每一次重建之议,都遭到不少国人的反对,就因为圆明园是中国永远的国耻纪念地,而历史的记忆不容抹去,更不容遗忘!

链接　　　　　中国首都的三次沦陷

1860 年，不足 20000 人的英法联军攻破北京，烧毁了有"东方凡尔赛"之誉的圆明园。

1900 年 8 月 14 日，18803 人的八国联军攻入北京，制造了又一场血腥的浩劫。

1937 年 12 月 13 日，日军攻陷首都南京，据 1996 年统计，受难者 354780 人。

5. 国土之殇

近代史上，中国每一次战败后都遭受过"割地赔款"的惨痛。列强中，侵占中国领土最多的国家是沙俄。

早在 1727 年，俄国通过《布连奇斯条约》和《恰克图条约》，获取了原属中国的贝加尔湖以南、恰克图以北的安加拉河流域 30 多万平方公里土地。1840 年以后，西方列强打开了大清国门后，沙皇俄国又乘虚而入，趁火打劫，不择手段地侵占中国的大片领土。

1856 年 10 月，英军炮轰黄埔、焚烧民宅，攻打广东城寨，第二次鸦片战争爆发。1857 年底，英法联军攻占广州。沙俄政府认为机不可失，即于 1858 年初通知清政府，要就中俄边界问题进行谈判。东西伯利亚总督穆拉维约夫率领俄国哥萨克军队直逼瑷珲城下。5月20日,英法联军攻占大沽,天津告急,北京震动。22日,穆拉维约夫以"助华防英"为借口,在两艘炮舰护送下来到瑷珲城内,强迫清朝黑龙江将军奕山签订了《中俄瑷珲条约》,割占黑龙江以北、外兴安岭以南60多万平方公里的中国领土,并把乌苏里江以东地区划为中俄共管。第二次鸦片战争结束后,俄国又通过1860年签订的《中俄北京条约》,将乌苏里江以东约40万平方公里的中国领土据为己有。

早在19世纪初,沙俄就开始觊觎中国西部地区。道光皇帝在位时,沙俄武装侵占了巴尔喀什湖东南的喀拉塔勒河、伊犁河等七河地区。咸丰四年(1854年)又强占阿拉木图,控制了伊犁河下游地区。同治三年(1864年)九月,清政府在沙俄武力威胁和政治讹诈下,被迫签订《中俄勘分西北界约记》;连同《中俄北京条约》,沙俄将中国西境的3个大湖——巴尔喀什湖、斋桑湖和伊塞克湖以及周围广大地区,共达44万多平方公里的领土强行占有。

三个不平等条约,划走了中国将近150万平方公里的领土,然而沙俄仍未满足。同治十年(1871年),沙俄又胁迫清政府签订《中俄伊犁条约》,随后又于光绪八年至十年(1882—1884年)强迫清政府订立了5个勘界议定书,分段重新勘定了中俄西段边界,割占塔城东北和伊犁、喀什噶尔以西7万多平方公里的中国领土。

沙俄对中国领土的侵占,除了逼迫清政府订立城下之盟外,还有赤裸裸的武力侵占。

库页岛本是中国最大的岛屿,位于黑龙江出海口之东,东面和北面临鄂霍次克海,西面隔鞑靼海峡与大陆相望,南隔宗谷海峡与日本接壤,面积 7.64 万平方公里,相当于两个台湾。从金代开始,库页岛即归中国管辖。1689 年的《中俄尼布楚条约》亦规定库页岛属于中国！1789 年,沙俄远征军悍然杀入库页岛,赶走了原住岛上的赫哲人。库页岛以及岛上丰富的煤矿和油矿被沙俄武装强占。

1900 年 7 月 24 日,沙俄借口中国发生"扶清灭洋"拳匪之乱,出动 17 万大军将《瑷珲条约》中划归中国的江东六十四屯围住剿杀,强占我国 1400 平方公里领土。黑龙江为鲜血染红。

唐努乌梁海,地处外蒙古西北部,北靠萨彦岭,南抵唐努山,是一片位于两山之间的狭长地带,总面积约 17 万平方公里,比江西全省还要大。1914 年 6 月俄国公然出兵霸占了中国唐努乌梁海地区,随后宣布将其置于俄国的保护之下。

1917 年,俄国发生十月革命。1919 年列宁发表《俄罗斯苏维埃联邦社会主义共和国政府对中国政府的宣言》,声称:"凡从前俄罗斯帝国政府时代,在中国满洲以及别处用侵略的手段而取得的土地,一律放弃。"1920 年 9 月 27 日,苏联政府又宣布:"以前俄国历届政府同中国订立的一切条约全部无效,放弃以前夺取中国的一切领土和中国境内的一切俄国租界,并将沙皇政府和俄国资产阶级残暴地从中国夺取的一切,都无偿地永久地归还中国。"然而,列宁未及实践这一宣言就不幸去世。

自古以来,蒙古族就是中华民族大家庭中的一员,外蒙古原属中国的固有领土。即使在 1727 年中俄签订的不平等的《恰克图条约》,以及 1870 年以前的所有中俄条约中,蒙古整体属于中国的事实一直没有改变。

清朝初年,中央政府将全蒙古分为漠南、漠北、漠西三大部分,漠南蒙古,习惯上称为内蒙古,漠西和漠北蒙古称外蒙古。为防止外蒙割据,清廷在库伦(今乌兰巴托)设置大臣,定期举行军事演习,保障疆域的稳定。康熙年间,居于天山以北的蒙古一部勾结沙俄叛乱,康熙帝御驾亲征,于1697年平定了祸患。然而沙俄觊觎蒙古之心不死,将势力越过西伯利亚,伸展到贝加尔湖一带,在强占中国东北和西北领土的同时,处心积虑地谋求霸占蒙古地区。

1911年,中国爆发辛亥革命,沙俄认为分裂蒙古的时机已到,开始培植亲俄势力,大批发放武器,蓄意制造事实上的外蒙独立。1913年,沙俄利用袁世凯政府内外交困之机,订立《中俄声明》,确认中国是蒙古的"宗主国",改"独立"为"自治"。但除俄国外,中国政府不能驻军和移民外蒙,蒙古事务需两国协定解决。

1917年俄国革命爆发,外蒙重回祖国怀抱。1918年,中国政府正式驻军库伦,1919年11月在库伦设置行政公署。此时,外蒙古民族分离分子在苏联帮助下,积极谋求建立独立的蒙古国,遭到中国历届政府的坚决反对。1928年,外蒙古发生大规模反对独立、要求回归祖国运动,苏联以"平叛"为由进军外蒙古,进行血腥镇压,外蒙古血流成河。中苏军队在外蒙古东部边界发生小规模战斗。苏军不愿扩大事端,宣布撤出外蒙古。此后中国军队也无力暇顾,至抗战期间,外蒙古终于成为事实上的独立国。

中印领土纠葛,是英国一手制造的结果。这个老牌的帝国主义国家,几乎在它撤出世界上任何一块殖民地时,都蓄意留下了许多令人棘手的麻烦。

1849年,印度完全沦为英国的殖民地,便对与印度毗邻的中国西藏地区开始了侵略,通过《藏印条约》和《续约》,攫取了在藏地的种种特权。

1914 年，英印政府外交大臣麦克马洪居然构想了一条印藏分界线，以喜马拉雅山脊分水岭的连接线作为中印边界，并利诱西藏噶厦的代表，背着中国北洋政府炮制了一份划界换文。这一举动不仅中国政府不知情，就是达赖喇嘛和噶厦政权也没有给参加西姆拉会议的代表授予划界的任何权力，这条荒唐的"麦克马洪线"根本不可能得到承认。20 多年后，英国政府将麦克马洪线正式标入地图和政府文书，遭到南京国民政府的强烈反对。1947 年印度独立后，继承了英国对中国部分领土的侵占，从 1950 年开始，趁中国抗美援朝战争无暇顾及西藏之机，开始越过传统边界，侵占中国领土，并于 1953 年扩展到所谓"麦克马洪线"。1959 年，又根据它单边更改过的地图，公然对中国新疆阿克赛钦地区提出领土要求。

日本是一个后起的资本主义国家，却对中国满含侵略野心。1874 年，日本出兵入侵我国台湾地区，迫使清政府签订《北京条约》，承认琉球为日本保护国。1879 年，日本占领琉球，改称"冲绳"，割断了琉球与清朝政府的藩属关系。1895 年，日本在甲午战争中获胜，强迫清政府签订《马关条约》，开始了对台湾、澎湖列岛长达 50 年的霸占。第一次世界大战爆发后，日本提出了企图灭亡中国的《二十一条》；第二次世界大战中，又发动了全面侵华战争，给中国人民制造了深重的灾难。

二战结束后，战败的日本国宣布无条件投降。根据 1943 年12 月 1 日中美英三国签订的《开罗宣言》和 1945 年 7 月 17 日《中美英三国促令日本投降之波茨坦公告》，中国政府收回台湾主权，钓鱼岛作为台湾附属岛屿，理应归还中国。但是，美国又与日本勾结，排除中国和苏联片面达成和约，将钓鱼岛交与联合国，并由联合国授权美国"托管"。后来,美国政府又采用美日协定的办法,单方面将太平洋诸岛屿行政管理权委托给了日本,并默许和放纵日本对中国的钓鱼群岛实施控制。

在近代,没有比国破地失之痛更让中国人痛彻心扉的,"落后就要挨打"的历史现实警醒了一部分中国人,他们开启了近代中国的探梦旅程。

链接	领土

领土包括陆地和水域及其底土和上空。国家领土分为领陆、领水(包括内水与领海)、领空 3 个部分,上及高空,下及底土。领水即国家拥有的水系领土,包括河流、运河、领海(包括内海)与湖泊(或内陆海)。领空是一个主权国家领陆的上空部分,主权国家在这些领空中有绝对或部分操控权,可以划分禁飞区,甚至禁止任何他国飞机进入领空。底土是一个主权国家领陆的地底部分,主权国家在这些地下土中有绝对操控权,能自由地开发底土的地下资源,如煤、石油等。有时领海地底也属于底土。在国家领土的组成部分之中,领陆是主要的构成,其他组成部分往往是领陆的附属部分,是与领陆不能分开的,除非在特殊情况有条约的规定。领水附随于领陆。领空和底土又附随于领陆和领水。因此领陆是最重要的部分,是领土的主要成分,领陆如发生变动,附随于领陆的领水、领空和底土亦随同变动。除上述四个组成部分之外,有些海域,例如毗连区、大陆架、专属经济区等,尽管在严格意义上不被视为国家领土的一部分,但沿海国可以对其及其资源行使主权权利,从而构成国家管辖范围的海域。

三、探梦的中国

1. 开眼看世界

在狂妄的西方列强眼里，中国原来不过是一个表面强大的"泥足巨人"，可以任意欺凌。然而逊位被囚的法国皇帝拿破仑却不这么看。他把当时的中国比作"一只睡眠中的狮子"，"以今天看来，狮子睡着了，连苍蝇都敢落到它的脸上叫几声"。接着，拿破仑说了一句名言："中国一旦被惊醒，世界会为之震动。"

"东方睡狮"是在被撕咬的疼痛中慢慢醒来的。

鸦片战争是历史上中西文化最激烈的一次碰撞。此前，严夷夏之防且闭关锁国的中国，对世界似乎根本就没有了解的冲动。在中国人的观念里，"世界"除了中国，就只有一些居住在边角地带的未开化的"夷人"。因而，清朝在所接触过的那些陌生的欧洲

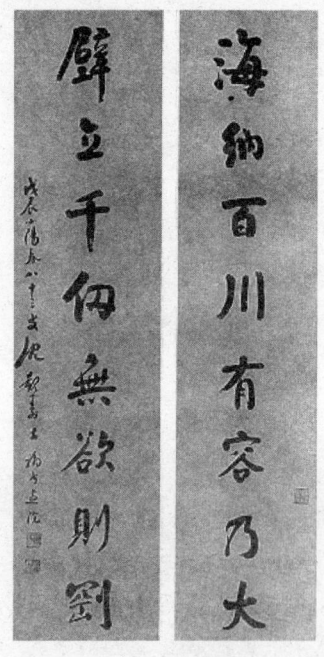

林则徐越华书院联

国名后面都要缀一个"夷"字，如"英夷"、"法夷"、"德夷"等，葡萄牙和西班牙按头发的颜色称"红毛夷"，俄国人称为"毛子"，日本人为"寇"或"倭寇"。所有的外洋人总称"洋夷"。

林则徐，是大清朝开眼看世界的"第一人"。他很有战略思想，禁烟的同时积极加强海防。起初，林则徐也没有认识到洋夷的战斗力有多强，认为夷兵除了枪炮厉害，却不善击刺格斗，而且"腿足裹缠，结束紧密，屈伸皆所不便"，"一仆不能复起"（倒下就爬不起来），如果到了岸上就好收拾了。但是中国兵法讲"知己知彼"方能百战百胜，对"沿海文武大员并不谙诸夷情，震于英吉利之名，而实不知来历"的状况深感忧虑，于是主动留意外国信息，派人探访夷情。1839 年 6 月 17 日，他在虎门接见美国传教士裨治文，表示想得到地图、地理书和其他外文书，特别是英国传教士马礼逊编写的《华英字典》。他还组织人翻译《澳门新闻纸》《新加坡新闻纸》，了解鸦片生产、销售以及西方对中国禁烟的反应；对西方的历史、地理、制造等各方面的知识兴趣越来越浓。英国东印度公司长驻广州大班德庇时 1836 年出版的《中国人》，也被译成中文，取名为《华事夷言》，成了当时国人了解"夷情"的重要文献。

1839 年 7 月,林则徐组织翻译了瑞士法学家滑达尔的《各国律例》,意图在对夷斗争中掌握"国际法",以其人之道还治其人之身。可看成是中国放弃天朝规则即是"天下规则"的观念而与国际接轨的开端! 1839 年底,林则徐又组织翻译英国人慕瑞 1836 年在伦敦出版的《世界地理大全》,译名为《四洲志》,对近代中国"走向世界"起了重要的启蒙作用。为了克敌制胜,林则徐组织编译了西方近代船舰与火炮资料,并试图"师夷"仿造。

1841 年,林则徐被罢官充军新疆,途中和魏源在镇江码头相遇。两人百感交集,倾心交谈。临别时,林则徐打开一个布包,捧出一大捆书交给魏源,交代说,这是他在广东时从海外书报上译辑的全部材料,如今自己即将远去,不知何日才能返回,希望魏源能编写一部介绍海外各国情况的书,打开国人的眼界,"悟其御侮之道"。魏源返回南京后,根据林则徐主持翻译的《四洲志》和其他文献资料,用一年多时间,于 1842 年编成了五十卷《海国图志》。全书约 57 万字,地图 23 幅,洋炮图式 8 页。1847 年又扩充为六十卷,1852 年增补到一百卷,总计 88 万字。这部书将世界五大洲数十个国家和地区的政制、历史、风土、人情汇为一编,并有总结鸦片战争经验教训,提出海防战略战术的《筹海篇》四卷,以及仿造西洋船炮的论述和图说,是当时东亚地区最完备的世界史地知识集成,成为当时人们了解和学习西方科学技术的重要书籍,对中国近代思想史产生了深远影响。

在书中,魏源提出了一个重要命题——"师夷之长技以制夷",用白话说就是"学习洋人发达的科学技术,以实现制服洋夷的目的"。他在书中具体阐述了"师夷"和"制夷"的内容和关系。在魏源看来,"师夷长技"的前提是"悉夷情",最终目的是"制夷";夷

魏源画像

之"长技"在军事方面的表现主要有战舰、火器和养兵练兵之法三个方面；对西方经济、政治制度方面的内容也给予了注意。魏源甚至认为西方的民主章程"可垂亿世而无弊"。这个论断在当时很前卫也很大胆。虽然魏源没有明确提出是否要学习借鉴西方制度的看法，但是他清新的思想观念却影响深远，后来的洋务运动等活动，大体都是走在魏源开辟的道路上的。他还提出了比较彻底的改革思想，认为"变古愈尽，便民愈甚"，对后来的资产阶级改良主义运动也发挥了积极的作用。

《海国图志》不胫而走，广获有识之士好评。维新派首领康有为在游历香港之后感叹"西人治国有法度，不得以古旧之夷狄视之"。当他再次阅读《海国图志》后，更深服"师夷长技以制夷"之理，并把它作为宣讲西学的基础。可惜的是，这样一部非常重要的图书在当时只有少数精英分子接触，却没有得到广泛的流传，更没有得到统治阶级的重视；加上这部书篇幅很大，有一百卷之多，印数也就很少了。

《海国图志》刊行后，魏源曾托好友朱琦将书上呈清廷。朱琦寄诗抒怀："况闻兹书出，市贾纷雕镌。辇下诸要人，争买不计钱。天聪倘易达，无俟予小臣。特此谢魏子，久要愧前言。""天聪"就是皇上的"圣聪""圣听"。诗的后四句,意思是说,如果很容易进献书籍上达圣听,就不用劳您久等我的消息了,在此我要向魏先生谢罪,怕是要愧对我以前的承诺了。朱琦隐约说到托付之事未果,朝廷未予重视的苦衷。1858年,兵部左侍郎王茂荫将《海国图志》推荐给咸丰皇帝,在奏折中说:"臣所见有《海国图志》一书,计五十卷,于海外诸国疆域形势、风土人情,详悉备载,而于英吉利为尤详。"请朝廷重新刊印,广为发行,让更多人"知夷难御而非竟无法之可御"。可惜王茂荫的奏疏上达后,也没有产生任何回应。

《海国图志》被冷落,可能还是由于统治阶层思想观念的束缚。在当时,就有人认为这部书"溃夷夏之防",是企图"以夷变夏"的违禁背俗之作。但是,由林则徐率先提倡、实践的"师夷"之说,毫无疑问是他们精神世界的一次巨大飞跃,也是近代中国精神世界的一次改变,具有石破天惊的启蒙意义。

中国有句俗话"墙内开花墙外香",不幸竟应在《海国图志》这部书上。

1851年,《海国图志》首次传入日本,一共购进了3部,全部为官方收藏。1853年,美国海军准将马休·佩里率领舰队闯进江户湾(今东京湾)岸的浦贺,要求与德川幕府谈判,史称"黑船事件",令日本各界产生前所未有的危机感。此时,中国出版的《海国图志》几乎就像是专门为日本人预备的,简直就是雪中送炭,而且得来全不费工夫,连版权都不用买。1854年,舶入日本的《海国图志》骤增到15部,除官方御用之外,有8部流入市场。自1854年至1856年短短3年间,日本出版的《海国图志》选本、解本、训点本竟达23种之多。日本的翻刻本体现了实用主义风格,内容并不包括全书,而是按需取舍,主要是选择日本朝野关心的问题,特别是有关美国、英国、俄国的部分，以及如何加强海防、抵抗外敌的篇目。想了解哪部分内容，就弄一个选本出来。

魏源的《海国图志》，启迪了和中国一样面临被侵略被压迫危机的日本人。他们敏锐地认识到锁国政策根本不能挽救危亡，主张积极学习西方科学技术，变法维新，发愤图强。日本学者北山康夫在《〈海国图志〉及其时代》一文中说道："魏氏之革新与批判精神给予日本维新分子以极大鼓舞，诸如佐久间象山及吉田松阴等均受其影响。"

对《海国图志》不被清政府重视、反被日本采用的现实，当时的一位名叫盐谷世弘的日本学者发出了这样的感叹："呜呼，忠智之士，忧国著书，不为其君用，反落他邦。吾不独为默深（魏源字默深）悲，抑且为清主悲也夫！"

链接	魏源

魏源（1794—1857 年），名远达，字默深，又字墨生、汉士，号良图。湖南邵阳人，清代道光、咸丰年间的著名启蒙思想家、史学家、文学家，道光进士，官至高邮知州。他首倡"师夷长技以制夷"，成为我国近代第一批"放眼看世界"的知识分子的杰出代表。魏源才思敏捷，博学强识，先后为多位驻南京的高官充任幕僚。鸦片战争爆发时，被林则徐推荐为两江总督裕谦的幕僚，曾参与浙东的抗英战役，目睹了侵略军的残暴和清政府的腐败，也深感英军武器先进，而清朝士兵装备落后。魏源早年就主张加强海防，以抵御外寇，后来进一步发展为明确的"师夷长技以制夷"的思想，并以此作为编撰《海国图志》的一个重要宗旨。

道光二十二年(1842 年),魏源在南京完成了十四卷《圣武记》,叙述清朝历代武功的历史,探索清朝统治盛衰大势,为反抗侵略提供借鉴,激励统治者重振武威,抵御外侮。他的著作还有《古微堂诗文集》《元史新编》《诗古微》和《老子本义》等,留下的著作现存七百万字左右,今人编有《魏源集》。咸丰七年(1857 年)三月,魏源在杭州僧舍病故。

2. 从办洋务到维新变法

"师夷长技以制夷"的思想催生了一批叫作"洋务派"的实践家。洋务派发动的"洋务运动",可看成是中国历史上第一次近代化运动。

为了摆脱国家内忧外患的局面,实现富国强兵的梦想,洋务派大力兴办洋务事业,以"中体西用"为宗旨,以"自强"、"求富"为口号,把"师夷人之长技以制夷"的思想变为具体的行动,在中国掀起了一场引进西方先进生产技术,创办近代军事工业和民用工业、编练新式陆海军、发展近代教育为主要内容的洋务运动,成为封建官僚学习西方文化的一次大胆尝试。

洋务运动前前后后推行了三十多年,在经济、政治、军事、文化教育和思想观念等各个领域都取得了一定的成效。

在经济方面,洋务派开办了几十个近代化的工矿企业,中国的工业生产由手工作坊阶段进入近代机器生产阶段；兴办了轮船、铁路、电报等新式交通部门，改变了中国交通运输通信的落后状况。洋务派所办的民用工业、能源开发和交通建设也在一定程度上抵制了西方列强的经济侵略。

在政治方面除了增设总理衙门之外，举措虽然不大，但随着洋务运动的开展，汉族地主官僚和地方督抚的权力得到了加强，社会上开始出现近代无产阶级、资产阶级以及附属于它的知识分子。

洋务运动在国防近代化方面成效比较显著，建立了一支近代化的海军，并用新式枪炮武装了一部分陆军，改变了中国防务在木船、刀、矛、剑、戟阶段徘徊的局面，国防建设有了一个比较大的飞跃。新式国防的建立，无论在当时还是对后来都有重要意义。中国陆军在收复新疆的斗争中显示了巨大力量，有效地阻止了帝国主义对新疆的肢解吞并。在中法战争中，中国军民在军事上取得了台湾保卫战、镇海战、镇南关战役和谅山战役的胜利，避免了领土主权的沦丧和巨额的经济赔款。虽然在甲午海战中，中国北洋舰队几乎全军覆没，但也给日本侵略者以一定的重创。有学者甚至认为，如果没有这场洋务运动，中日之间的战争可能会提前十年爆发。

总理衙门

在文化教育方面,洋务派创建了一批新式学堂,向外国派遣了几批留学生,翻译了一批外国书籍,传播了西方科学技术知识,造就了一批科学技术人才和近代工人,标志着中国人开始冲出自设的囚笼而走向世界。

在思想观念方面,洋务运动改变了人们对西学的态度,促进了西方思想的传播,出现了反映新兴民族资产阶级利益和要求的早期维新思潮,某些传统观念和社会风气有了较为明显的改变,尤其是实业家和商人的地位有所提高。

从整个中国近代化的历史进程来看,洋务运动的兴起主要是中外民族矛盾和中外差距加大的产物,体现了中国人民自觉意识的萌生和对近代化的早期追求。洋务派的实践拓宽了地主阶级改革派开眼看世界的幅度,在客观上促进了中国资本主义发展,一定程度上增强了中国的绝对国力,但又不可避免地带有浓厚的封建性、脆弱性和对西方列强的依赖性;洋务派固守的"中体西用"思想,拒绝变革封建政治制度和意识形态的局限,从根本上制约了洋务运动的深度发展,很难使中国真正走上富强之路,实现强国的梦想。

"唤起吾国四千年之大梦,实自甲午一役始也。"梁启超如是说。

甲午战争,爆发于1894年,日方称日清战争,国际通称第一次中日战争。最终,清朝战败,与日本签订屈辱的《马关条约》。

洋务运动中,清朝先后组建了北洋舰队、南洋舰队、福建水师三支近代海军。由于北洋舰队负有保卫京师的责任,所以实力最强。清政府对北洋舰队的投入最多,北洋大臣李鸿章也投注了极大的心力。北洋舰队各主要战舰舰长和高级军官几乎全是福州船

福州船政局

政学堂的毕业生,大多数人曾到英国海军学院留学实习。中层军官内有不少是原留美幼童,被召回国后到福建船政学堂学习海军后服役。军官多能操英语,并聘请了外国人担任军官或作技术指导,内部指挥命令亦以英语发号。

1888年北洋水师成立时,舰艇总数达到50多艘,排水量达4万多吨,成为世界第六舰队,亚洲第一舰队,海军实力上升为世界第七,亚洲之首。北洋舰队的旗舰、主力舰"定远号"和"镇远号"都购自德国,装备12英寸口径主炮,拥有当时最先进的海上军事

定远号

技术。

1868 年,日本通过明治维新,"脱亚入欧",开始走上资本主义道路,国力日渐强盛。为了突破资源匮乏、市场狭小的局限,1887 年,日本政府制定了"清国征讨方略",并逐渐演化为以侵略中国为中心的"大陆政策",第一步是攻占台湾,第二步是吞并朝鲜,第三步是进军满蒙,第四步是灭亡中国,第五步是征服亚洲、称霸世界。

明治政府认识到日本要想崛起,就必须在海军力量上超过中国,尤其是要完全打败中国的北洋舰队。于是日本政府把北洋舰队写入了教科书,"打败定远"也成了挂在日本国民嘴上的口号,就连日本小孩做游戏,也要分成两拨,被打败的一方就叫"北洋舰队"。为了发展海军,日本政府号召国民进行捐款,结果是全国亢奋,极其踊跃,连明治天皇也把自己的私房钱拿了出来。短短时间里日本就筹集到了一笔巨款,拿着这笔钱采购军舰,并且在国内修建造船厂,大力建造军舰。甲午战争前,明治天皇一天只吃一顿饭,用饿肚皮的方法给他的臣民起"带头作用",以至全国人人涕泪横流,群情激奋,一切只为了一个目标——征服中国。

台湾巡抚刘铭传等人看出"倭人不可轻视",但朝廷和大部分政要对日本还停留在"蕞尔小邦"的认识阶段,"不以倭人为意"。在日本倾全国之力扩充军备,战争危险日益迫近的紧要关头,清政府反而放松了国防建设,以财政紧张为由,削减军费预算,甚至将海军军费挪用修建颐和园工程。中国就是在这样一种极不清醒的状态下,迎来了一场命运攸关的战争。

甲午战败及《马关条约》的签订,给中国带来了更加深重的灾难。中国失去了东亚大国的地位,半殖民化进一步加大!巨额战争赔款相当于全国 3 年的财政收入,清政府根本无力承受,只能向英、法、德、俄贷款,不但利息很高,还要以海关、税收、财政的管理权作抵押。大面积割让国土直接导致帝国主义国家掀起瓜分中国的狂潮,而美国这个后起的帝国主义国家,也打着"利益均沾"的旗号,以支持日本为主要手段,谋求在中国的更大权益。战后朝鲜沦为日本的殖民地,成为日本对外扩张的跳板,中国东北部的安全受到严重威胁。台湾被日本割占,数百万同胞,饱受欺凌 50 余年。

日本国大发横财,得到价值 1 亿两白银的战利品和 2.3 亿两白银的战争赔款,相当于日本当时 7 年的财政收入。战后,日本经济和军事实力飞速扩张,直接埋下了 20 世纪 30 年代大举侵华的祸根。

甲午战争让中国输尽了最后一点颜面。这在当时简直就是一场令人难以置信的战争,也是一场真正令国人痛彻肺腑且真正感受到亡国灭种危机的战争。中国的有识之士开始从洋务救国的迷茫中惊醒过来,开始重新思考中国在世界的位置和命运。

留学英国的严复翻译的进化论著作《天演论》传到了中国。"物竞天择,适者生存"的口号撞响了中华民族的警钟,为中国带来了变革的理论依据。文明古国印度亡于英国,波兰被俄国、普鲁士、奥地利三次瓜分的惨痛历史,以及俄、日等国通过改革走上富强之路的经验,强烈地刺激了国人的神经。

《马关条约》的签订者李鸿章同样悲愤难抑。他在给清廷的奏折中写道:"敌焰方张,得我巨款及沿海富庶之区,如虎傅翼,后患将不可知……深盼皇上振励于上,内外臣工齐心协力,及早变法求才,自强克敌。"变法,终于成为大清王朝不能不面对的"国是"。

　　与督抚一力办理的洋务运动不同,维新变法的思潮起自士绅阶层,于是一个个我们熟悉的维新派人物走上了历史舞台:康有为、梁启超、汪康年、文廷式、谭嗣同……他们将学习西方文化的运动,由起于器物的层面深入制度的层面,开始放下姿态,仿效日本的明治维新,推动了中国的变法运动。

　　"戊戌变法",指 1898 年(农历戊戌年)以康有为为首的改良主义者通过光绪皇帝所进行的一场资产阶级政治改革,是中国新兴资产阶级改革封建政体、全面推进近代化的一次勇敢尝试。变法的根本目标是"君主立宪"。政治上广开言路,鼓励官民上书言事,裁撤冗员,保荐贤才,改订律例,澄清吏治;经济上,设立铁路矿务局和农工商总局,提倡开办实业,改革财政,取消旗人由国家供养特权,令其自谋生计;军事上,裁汰绿营,编练新军,添置船舰,扩建海军,实行征兵制;文化上,废八股,兴西学,设立中小学堂,创办京师大学堂,设译书局,翻译外国书籍,允许设立报馆、学会,派留学生;奖励科学著作和发明。这些革新政令,目的在于学习西方文化、科学技术和经营管理制度,发展资本主义,使国家走向富强。变法从 1898 年 6 月 11 日,光绪皇帝颁布"明定国是诏"开始,到 9 月 21 日慈禧太后发动政变为止,历时 103 天,故史称"百日维新"。

　　戊戌变法是一次爱国救亡运动, 也是一场思想启蒙运动,是中华民族觉醒潮流和中国近代化运动的新起点,具有重要的历史意义。

　　对中国的侵略和掠夺,是近代日本走向现代化道路的重要因素之一。通过甲午战争,日本不仅强占了台湾,而且还向中国索取了2.3亿两白银的巨额赔款。日本利用从中国掠夺来的这笔赔款中的一部分建立了现代化的工业,一部分用来发展现代教育。事实证明:日本现代化进程的加速,很大程度上是建立在对中国现代化进程的破坏基础之上的。

　　抗日战争爆发前的10年里,我国现代化工业每年的平均增长率约为7.6%。1936年,我国的资本主义生产已占工业总产值的24.48%。20世纪30年代,日本对中国发动全面侵略战争,又一次完全打断了中国的现代化进程。日本先是占领我国东北,使中国丧失了三分之一的森林、铁矿和煤矿;丧失了十分之四的铁路、十分之七的大豆产地、五分之二的出口贸易,以及93%的石油、55%的黄金。到1932年底,中国政府在东北的损失高达178亿元,加上私人的损失不下200亿元!

　　从1931年到1945年的十四年间,日军共侵占我国大小城市930余座,占我国当时城市总数的47%以上,其中包括大城市的80%以上。这些城市聚集着中国几乎全部的现代化工业。这些工业有的直接损毁于炮火之中,有的由于战争失去运转的条件而导致关闭,有的因被迫内迁而损毁于途中。据不完全统计,遭到破坏的工厂多达3840家!在沦陷区,日军不仅直接掠夺中国的资源和财富,还随意掠夺公私财产,截留税收,把持金融,从而建立起依附于日本的殖民地经济体系。

在日本的侵略下,中国直接、间接蒙受战乱的人口多达 2.6 亿以上,其中无家可归的难民就有 4200 万,中国军民的伤亡高达 3500 万人。据 1995 年中国政府公布的数字,中国在抗日战争中的直接财产损失是 1000 亿元,间接损失是 5000 亿元!

3. 寻找"共和"

1902 年,梁启超创作了一部"政治幻想"小说,名字叫《新中国未来记》,共五回,约九万字。书中虚构了从 1902 年到 1962 年 60 年间中国的变化,贯穿了梁启超后来认为国家应实现"民主共和"的思想。

小说从八国联军攻克北京写起,这时南方各省开始自治。1912 年,全国国会设立,中国实现了共和制而不是他以前主张的君主立宪制。国名叫"大中华民主国",皇帝罗在田自动退位,被国会选为大统领,也就是大总统。"罗在田"暗指光绪皇帝。"罗"是光绪皇帝的姓"爱新觉罗"的简称,"在田"是皇帝的名字"载湉"的谐音。新的共和国定都南京,通过维新造就共和国的首功之臣"黄克强"当选为第二任、第三任大统领。"黄克强"取"炎黄子孙能自强"之意,这个本是虚构的人物,无意中同后来的辛亥革命功臣黄兴发生了巧合。黄兴,字"克强",此时还是一位刚到日本留学的新学生。

梁启超

小说憧憬经过 50 年维新变法后,中国经济和文化高度发达,成为世界超强国家,外国人纷纷学习汉语。1962 年,中国在首都南京隆重举行维新 50 周年庆典,各国的政要都来祝贺, 颇有万国来朝的气派。

令人惊奇的是,梁启超的"小说家言",竟然准确地"预言"了辛亥革命的情状。辛亥革命爆发后,的确首先是南方诸省独立, 而且中华民国恰恰成立于 1912 年,新都城恰是南京。真应了中国的一句俗话:"无巧不成书!"

梁启超在小说中写出了自己的梦想,并且亲自参与了戊戌变法。可惜的是,变法被慈禧太后的反手一掌扑灭了。维新派寄希望于体制之内完成变革的维新之梦被打得烟消云散,北京菜市口落下了谭嗣同等人血淋淋的六颗头颅。

1900 年,八国联军的铁蹄踏破北京城,慈禧太后带着光绪皇帝再度仓皇出逃。清朝人将八国联军侵华之役,称作"庚子国变"。出逃海外的康有为、梁启超等人,以"勤王"为号召,希望趁此危局重新扶光绪帝上台,再度探梦,实现二度维新的愿望。

孙中山,选择了另外一条路——"起共和而终帝制"。

孙中山是一位怀有梦想的革命家。他自信地认为,中华民族是"世界最古之民族,世界最大之民族,世界最文明之民族,也是世界最大同化力之民族。……代代相传,到了今天,还是世界最优秀的民族"；立志要把中国建设成一个"四最"、"六至"国家。"四最"的具体内容是"世界最强之国、富甲天下之国、政治最良之国、民众最快乐之国"；"六至"即"至大、至优、至进步、至庄严、至富强、至安乐"。

早在甲午战争爆发的 1894 年，孙中山和他的同志一道，在檀香山建立了兴中会。兴中会的主旨是"驱除鞑虏，恢复中华，创立合众政府"。1905 年，在他的倡议下，多个革命团体在日本组成"中国同盟会"，将宗旨进一步明确为"驱除鞑虏，恢复中华，创立民国，平均地权"。同盟会的理论体系——孙中山的"三民主义"也正式公之于世。

同盟会时代，重要的革命起事与暗杀行动多达 32 次，以 1911 年 4 月的黄花岗起义惨烈异常，以致孙中山先生禁不住发出了"吾党菁华，付之一炬"的感叹。然而，正是这些此起彼伏的革命斗争，一点一点地撞击并动摇了大清王朝的基石。

孙中山

1911 年 10 月 10 日傍晚，湖北武昌新军工程第八营，一个正在执行巡查任务的军官发现有人携带武器，随即上前盘问，起义的枪声于是突然响起，第八营的士兵们纷纷投入战斗。后来被载入史册的辛亥革命，就这样开始了。

武昌起义爆发后，各省纷纷宣布独立。在清帝退位之前，已有 17 个省宣布独立，占当时全国省份的2/3。1911年12月4日,南方各省共和联合大会召开,决定从速在南京组建临时中央政府。1911年12月29日,独立的17省代表45人在南京丁家桥江苏咨议局举行选举会。在一省一票的17张有效票中,孙中山先生以16票当选为中华民国第一任临时大总统。

辛亥革命,第一次将"共和"迎进了中国。中国最后一个封建王朝在统治267年之后,走向了终结。

孙中山先生领导的辛亥革命是中国近代史上一次"逐欧风 倡自由"的具有比较完全意义的资产阶级民主革命,同维新派的"仿洋"和"托古"改制不同,它是从西方搬来民主共和国模本,称自己的革命为"共和革命",提出了三民主义和五权宪法一套完整的建立民主共和国的方案,第一次明确提出了建立一个独立的民族共和国的历史任务。这是孙中山为首的革命派重要的历史功绩。

因此,辛亥革命不是一般意义上的改朝换代,它从根本上摧毁了统治中国2000多年的封建君主专制制度,成立了中国历史上,同时也是亚洲历史上第一个民主共和国——中华民国。中国第一次出现了没有皇帝的现代政体,整个国家开始进入现代中国的历史轨道,开启了中国通向民主共和的大门。

然而,民主共和之路却千回百转,艰难曲折。辛亥革命建立了共和国,却又不得不反复革命。史家评论说,辛亥革命赶跑了皇帝,却没有能够改变封建主义和军阀官僚政治的统治基础,一时无法完成反帝反封建的根本任务。辛亥革命失败的根源,在于中国民族资产阶级的软弱性和妥协性。

1912年1月1日,孙中山在南京宣誓就任中华民国临时大总统,宣告中华民国正式成立。在当时的精英阶层为之欢呼雀跃的时候,普通百姓却仿佛置身事外。

早在武昌起义发生前,革命党人就确立了革命不动员群众的策略。他们和立宪派有着同样的担忧,担心底层民众动员起来之后,革命会对社会秩序造成冲击。为"民主"而战的革命党人将人民隔绝于外的做法,仿佛注定了辛亥革命的悲剧。

新成立的南京政府实力不济,革命军在与北洋军的交战中连连失利。为了和平解决南北问题,迫使清帝退位,孙中山不得不与北洋军统帅袁世凯举行南北议和,由袁世凯接任临时大总统。他万万没有想到,为"共和"而进行的议和,却给"共和"埋下致命的炸弹。

辛亥革命后,孙中山为了给新生的共和国选择一种最先进、最适合的共和制度,不仅考察了美国、法国的政体,还专门聘请美国人古德诺作为政府顾问。遗憾的是,新生的共和国虽然创造了三民主义和五权宪法,但共和制度却没有在中国落地。

中国人的第一个国会是1912年选出,1913年正式成立的。参众两院共有议员800人,被人戏称为"八百罗汉"。在第一届国会上,"八百罗汉"做的第一件事竟然是给自己定薪酬。虽然有人以国家财政困难为由提议议员少薪,但是大部分人主张高薪养廉,通过了年薪五千大洋的方案,相当于中央政府各部次长的水平。利用议员的高薪,袁世凯将少数能由政府控制的名额当成了拉帮结派的礼品,曹汝霖蒙古议员的位子就是袁世凯的赏赐,开了国会贿选、买位的恶例。"八百罗汉"议政时更加荒诞。议员在国会上一言不合就墨盒乱飞,甚至扭打在一起。议员对政府多方挑剔,凡公开谈的事情,一定说不到一块,只能幕后协商,于是国会变成了一出无聊的闹剧。

1913 年，袁世凯的北洋政府为了整顿北京的统治机构，加强政治、军事等各方面的统治力量，偿还积欠的外债和赔款，履行对逊清皇室的优待条件，向英、法、德、俄、日五国银行团借款 2500 万镑，年息 5 厘，分 47 年偿清，史称"善后大借款"。按照国会制度，政府借款应先通过议会审议，总统才能签字。但袁世凯不听这一套，签字了事。议会提出质问，袁世凯派代理总理段祺瑞到国会答复。段祺瑞指派荷枪实弹的士兵将出入国会的道路封锁起来，然后身着陆军上将军服威风凛凛地走进会场，弄得议员们面面相觑、噤若寒蝉。有议员壮着胆子要求解释借款案，段祺瑞只说一句"木已成舟，毋庸再议"，大借款就这样由参众两院通过了。

袁世凯用这笔款对南方的国民党势力发动进攻，孙中山、黄兴等国民党领袖被迫逃亡。国会中的大部分议员被袁世凯逼着修改了国会程序。先制定宪法再选举总统，本是共和国缔造的规则，然而袁世凯为了顺利"登基"偏要颠倒这个顺序。几百位国会议员被军警化装的公民团囚禁了整整一天，滴水未进，直到半夜"选举"出袁世凯做正式大总统，才被放出。

袁世凯被扶正后，将国民党籍的国会议员赶出北京，国会因人数不足而解散，继而刺杀宋教仁，镇压"二次革命"。经过秘密谋划，1915 年 12 月 13 日，袁世凯竟悍然称帝，建立中华帝国。袁世凯的倒行逆施遭到国内外一致反对。蔡锷在云南发动护国运动。众叛亲离中，袁世凯不得不宣布取消帝制，不久后病死，落下了千古骂名。

袁世凯死后，国会虽然再度复会，但已是四分五裂，国会议员更是贿选、买凶、派系丑闻缠身。威逼、贿选，第一届国会既然种下了这样的怪诞病根，民国的国会便只能循着这样的病态生长出来。

　　面对国家山河破碎、满目疮痍,在 1912 年 1 月 1 日就任中华民国临时大总统后的孙中山,曾热切疾呼"民族之统一"、"领土之统一"、"军政之统一"、"内治之统一"、"财政之统一"。但是,孙中山这些"统一"的梦想,在旧中国根本无法实现。

　　孙中山一生都在为实现他心目中的"中国梦"而奋斗。宋庆龄在给美国同学的信中写道:"孙中山好几次告诉我说……他下了决心,认为中国农民的生活不该长此困苦下去。中国的儿童应该有鞋穿,有米饭吃。就为这个理想,他献出了他四十年的生命。"

　　1912 年 4 月,孙中山先生辞去临时大总统职务,出任中华民国铁路督办,为实现他的另一个"中国梦"——修建 20 万里铁路而奔走。同年 6 月下旬,孙中山与上海《民立报》谈话时说:"苟无铁道,转运无术,而工商皆废,复何实业之可图? 故交通为实业之母,铁道又为交通之母。"但是,在当时的政治、经济、外交等现实条件下, 这项 5 到 10 年内修建 20 万里铁路的计划显然是难以实现的。事实上,从 1912 年到 1927 年这 15 年间,中国全境修建铁路的总长度才 3422.38 公里,而且大多集中在山海关以外的满洲。但无论如何,这个关于铁路的梦想还是表达了孙中山急于振兴国民经济的强烈愿望,同时也为后人留下了宏大的远景规划。

　　1925 年 3 月 12 日, 孙中山因患肝癌在北京狮子胡同行馆与世长辞。临终昏迷时口中仍喃喃自语:"和平……奋斗……救中国……"这是他一生追求的梦想。

　　1940 年 3 月 21 日, 国民党中常会以孙中山先生"倡导革命,手创中华民国,更新政体,永奠邦基,谋世界之大同,求国际之平等,光被四表,功高万世",一致决议尊称他为"国父"。

4. 你方唱罢我登场

历史有惊人的相似之处,它常常在世人意想不到的时候、意想不到的地方出现曲折和反复。

袁世凯死后,黎元洪以副总统资格继任大总统,段祺瑞仍任国务总理。大总统和国务总理各有自己的后台。黎元洪的后台是美国,段祺瑞的后台是日本。日美争夺中国的矛盾势必影响黎、段,至1917年逐渐演化成以黎元洪为代表的总统府和以段祺瑞为代表的国务院之间的斗争,两派势同水火,史称"府院之争"。

1917年5月23日,黎元洪下令罢免段祺瑞国务总理职务。段祺瑞则以武力相向,唆使皖系和奉系各省督军通电独立。矛盾终于白热化。

危急之中,黎元洪想起了张勋,希望借助张勋的力量遏制段祺瑞,来一个"以毒攻毒"。无独有偶,段祺瑞也想到了张勋,决意以赞助复辟为诱饵,利用张勋驱逐黎元洪,来一个"借刀杀人"。而张勋则有张勋自己的"算盘"。他要趁黎、段鹬蚌相争难分难解之机,进入北京,实现自己作为封建士大夫的一片忠心,将清废帝重新扶上皇帝宝座,坐收"渔人之利"。

张勋,字少轩,江西奉新人,曾多次充任慈禧太后和光绪皇帝的扈从。他反对武昌起义,更反对民主共和。清帝退位后,张勋的部队被改编为武卫前军,驻扎在山东兖州。辛亥革命都快过去六年了,他的脑后还留着一根辫子,他的部队也一律剃发留辫,人称"辫子军"。张勋本人因此也有了个"辫帅"的诨号。

留着辫子不剪,等于是公开表示自己"忠臣不事二主",死抱帝制观念不放。他曾对人坦言:"民主二字,不见史册,我必弃之而归清。"袁世凯称帝失败,足见帝制不得人心,历史的车轮难以逆转,可张勋却荒唐地认为,袁世凯的失败是因为他有负皇恩,出卖朝廷,篡夺圣位,因而天人不佑。

1917年6月28日,一列从上海开来的三等列车缓缓抵靠北京站台,从车厢里走出一个年纪六十开外的神秘人物,正是大名鼎鼎的康有为。在当时,张勋被一些人尊称为"武圣人",康有为被称为"文圣人"。"文武圣人"早有预谋,要干一桩让世人吃惊的大事。

康有为带来他预先替溥仪草拟好的十几道诏书,满以为诏书一发,就可以重新定鼎天下。7月1日凌晨3时,张勋率领300多人身穿清代朝服,进入紫禁城养心殿,向12岁的前宣统皇帝行三跪九叩大礼,奏请复辟。溥仪照事先的安排发布诏书,宣布即日"临朝听政,收回大权",改民国六年(1917年)7月1日为宣统九年(1917年)五月十三日,恢复清末旧制。

张勋复辟同样招致全国的反对,讨贼之声响遍大江南北。原本支持张勋的日本人又一次出尔反尔,像当初对待袁世凯一样,把张勋也给卖了。与张勋暗结同盟的段祺瑞翻脸不认人,组成讨逆军,以5万兵力进攻北京。辫子军招架不住,只好俯首投降。溥仪宣布退位。一场闹剧仅仅折腾了12天,便狼狈收场。张勋在德国人的保护下逃进荷兰使馆,1923 年病死于天津。

　　张勋逃了,黎元洪下台了,大总统职位由直系军阀冯国璋接任。北京政府的实权操纵在段祺瑞手里。段祺瑞为了培植自己的军事实力,借口对德宣战训练所谓"参战军",向自己的后台日本人疯狂举债, 总数超过清政府和袁世凯政府向日本借款的 3 倍,不下 5 亿日元。

　　通过借款,日本帝国主义几乎全面控制了中国的财政、税收、银行、电信、军队、警察,侵吞了大片中国领土,攫取了许多重要铁路和森林矿山的经营权。

　　中国乱世兴起的军阀,把辛亥革命的"共和"理想抛到了九霄云外,为了扩充自己的实力和控制范围,甚至不惜出卖民族和国家的利益。他们在对付列强侵略的斗争中,只有被咬的份,而军阀之间的争斗却可以杀得昏天黑地、九死一生。在连年的军阀混战中,冯国璋和段祺瑞先后去位;大总统和国务总理分别由徐世昌和钱能训接替。但是,段祺瑞仍然控制着"参战军",垄断借款,在日本主子的支持下伺机"东山再起"。英美在第一次世界大战后也迅速转向在中国培植自己的势力,同日本帝国主义的代理人段祺瑞针锋相对,酝酿着一轮又一轮军阀战争。

　　当今天的中国人反思百年历史时,总是躲不开对一系列令人困惑的疑题的探问。为什么辛亥革命给了中国人世界上最先进的共和制度,但共和制却没有像哈利·波特的魔棒一样,给中国带来民主和富强?为什么中国历史上第一个共和国向西方学到的最先进的共和制,却无法令其落地? 为什么共和国的缔造者曾经顾虑发动底层群众革命会造成对社会秩序的冲击,而且对强势人物的专权也设计了看似可靠的制约制度,但是秩序的混乱却没有因此而幸免,权利的操弄却没有因此而有效抑制?

然而,毋庸置疑的是,辛亥革命毕竟迎来了民主共和的时代,历史车轮滚滚向前,再没有谁能够阻挡或者开成历史的倒车。虽然中国民主共和之路经历了复辟、贿选和军阀霸权,但是没有谁胆敢公开声称放弃共和国的招牌。

正是辛亥革命对于共和制度的坚守,正是民主观念在一定程度上的普及和深入人心,造就了伟大的五四运动,开启了新民主主义革命的新时代,更促成了以维护最广大人民群众利益为使命的政党——中国共产党的诞生。

链接　　　为什么说"辛亥革命既成功,又失败了"

辛亥革命既成功,又失败了,是一个重要的政治命题。1930年双十纪念日,何应钦对此做了一个比较简洁的说明,指出:"辛亥革命懵懂算是挂上了一个民国的空招牌,并没有建设民国的实际,由推翻满清一点而论,固然算是成功。由全部革命的目的而论,究不能不谓为失败。革命的目的不只在推翻满清,不只在获得中华民国的虚名,而在造成一个三民主义自由平等的新中国。"

1939年,毛泽东在《青年运动的方向》一文中指出,辛亥革命"有它胜利的地方,也有它失败的地方。你们看,辛亥革命把皇帝赶跑,这不是胜利了吗?说它失败,是说辛亥革命只把一个皇帝赶跑,中国仍旧在帝国主义和封建主义的压迫之下,反帝反封建的革命任务并没有完成"。辛亥革命既成功又失败的论断,中国共产党主要是从反帝反封建角度来探讨,这和中国国民党从是否实现三民主义任务的角度探讨问题是不相同的。毛泽东在三四十年代形成的关于辛亥革命性质、地位和成败的论断,后逐渐成为被普遍接受的观点。

5. "德先生"和"赛先生"

1915 年 9 月, 一份不同寻常的杂志在上海诞生。杂志原名《青年》,后改名《新青年》。它的主编是陈独秀。

1917 年 1 月, 陈独秀被蔡元培聘任为北京大学文科学长,《新青年》编辑部随同迁到北京,并由个人主编改成了同仁刊物。李大钊、胡适、钱玄同、刘半农、沈尹默、鲁迅等陆续成为杂志的主笔,逐渐形成了一个以《新青年》为核心的新文化阵营。

在杂志的创刊号上,陈独秀发表了《敬告青年》一文,以饱满的热情唱出了青年的礼赞:"青年如初春,如朝日,如百卉之萌动,如利刃之新发于硎,人生最可宝贵之时期也。青年之于社会,犹新鲜活泼细胞之在人身。"面对社会泛滥的复古潮流,封建道德和鬼神迷信对人民思想的束缚,陈独秀痛感社会变革之必要。他说:"新陈代谢,陈腐朽败者无时不在天然淘汰之途,与新鲜活泼者以空间之位置及时间之生命。人身遵新陈代谢之道则健康,陈腐朽败之细胞充塞人身则人身死;社会遵新陈代谢之道则隆盛,陈腐朽败之分子充塞社会则社会亡。"号召青年大胆解放思想,以求实进取的精神奋起救国。

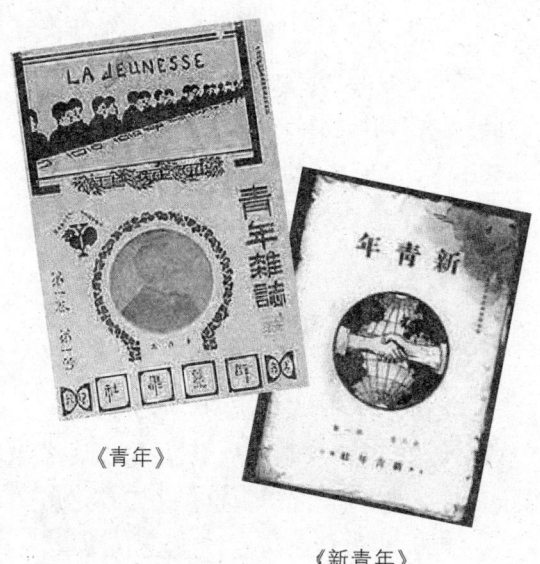

《青年》

《新青年》

《今》和《青春》是李大钊先后发表于《新青年》的两篇美文，至今读来仍有含英咀华般的感觉。

李大钊说"今"是最可宝贵的，也是最易丧失的。正因为"今"最容易丧失，所以更显得"今"之宝贵。

他指出现时有两种不知爱"今"的人：一种是厌"今"的人，一种是乐"今"的人。厌今者有两派，一派对"现在"一切现象都不满足，因而产生一种回顾"过去"的感想，总觉得"今"的不好，"古"的什么都好，政治、法律、道德、风俗全是今不如古。这一派人唯一的希望是复古，将全部心力用于复古运动。另一派与复古厌今派大致相同，厌"今"而不思"过去"，只盼望"将来"，结果往往流于幻想，把许多"现在"可以努力的事业放弃不做，沉溺于虚无缥缈的空玄之境界。这两派人都会阻滞社会的进化。

乐"今"的人大多是一些无志趣无意识的人。他们对"现在"一切都很满足，认为可以安乐悠游，不必再进取，再创造。这种人同样在阻碍社会进化的潮流，同厌"今"派没有什么区别。

陈独秀

他告诫青年："吾人在世，不可厌'今'而徒回思'过去'，梦想'将来'，以耗误'现在'的努力。又不可以'今'境自足，毫不拿出'现在'的努力，谋'将来'的发展。宜善用'今'，以努力为'将来'之创造。"

他在《致青春》一文中以"今岁之青春"作为一个"中"点，回望过去，瞻望未来。指出"中以前之历史，封闭之历史，焚毁之历史，葬诸坟墓之历史也；中以后之历史，洁白之历史，新装之历史，待施绚绘之历史也。中以前之历史，白首之历史，陈死人之历史也；中以后之历史，青春之历史，活青年之历史也"。主张青年以"中立不倚之精神，肩兹砥柱中流之责任。即由今年今春之今日今刹那为时中之起点，取世界一切白首之历史，一火而摧焚之"。表现出彻底的反封建精神。

李大钊抒发了自己创造青春中华的理想，认为时下的中国只是一个"白首之民族，白首之国家"，已经进入濒临灭亡的境地。他警醒国人："由历史考之，新兴之国族与陈腐之国族遇，陈腐者必败；朝气横溢之生命力与死灰沉滞之生命力遇，死灰沉滞者必败；青春之国民与白首之国民遇，白首者必败。此殆天演公例，莫或能逃者也。"因而青年应当成为"锐进之子"，应当勇敢自觉地"冲决过去历史之罗网，破坏陈腐学说之囹圄"，"进前而勿顾后，背黑暗而向光明，为世界进文明，为人类造幸福，以青春之我，创建青春之家庭，青春之国家，青春之民族，青春之人类，青春之地球，青春之宇宙！"

《新青年》的作者们对辛亥革命进行了痛定思痛的深刻反思，认为辛亥革命没有使中国社会的整个上层建筑发生根本性变化，袁世凯称帝也不是一个孤立的偶然的事件。在当时一般人的意识中，清朝的制度和习惯依然是办事的准则；政府官员满脑子充斥着君主制时代的旧思想，根本不懂共和制度为何物；国会议员中有人主张尊孔读经，要求规定孔教为国教，许多革命党人丧失革命意志而被反动势力

1989 年苏联出版的
李大钊邮票

同化；那些自命"新人物"的人物，实际上思想陈腐不堪，没有一点新意可言；老百姓封建帝王思想、迷信思想十分浓厚，不少人甚至相信清朝皇帝还有再坐龙庭之日。这一切都说明辛亥革命在思想领域的任务同政治领域的任务一样没有完成。中国只有走出愚昧，改弦更张，才会有真正的青春中国的再生。

《新青年》面世不久，就被人们誉为"青年界之金针"和青年的"良师益友"，由此掀起了中国历史上一场真正的思想启蒙运动，史称"新文化运动"。

新文化运动的主题是"民主与科学"，即英文 democracy（德莫克拉西）和 science（赛因斯）。新文化运动的主将们给这两个关键词起了两个诙谐的中国化的名字——"德先生"和"赛先生"。

他们认为，要挽救这个衰朽的国家，必须迎请这两位"先生"，在中国普及民主思想和科学精神，提倡新文化，反对旧文化；提倡新道德，反对旧道德；提倡新文学，反对旧文学。

陈独秀认定唯有民主和科学才可以救治中国政治上、道德

上、学术上、思想上的一切黑暗。他说："要拥护那德先生，便不得不反对孔教、礼法、贞节、旧伦理、旧政治；要拥护那赛先生，便不得不反对旧艺术、旧宗教；要拥护德先生又要拥护赛先生，便不得不反对国粹和旧文学……若因为拥护这两位先生，一切政府的压迫，社会的攻击笑骂，就是断头流血，都不推辞。"

提倡民主，应当强调个性解放和人的自由权利。陈独秀认为欧洲的近代史，实际上是一部求解放的历史。"破坏君权，求政治之解放也；否认教权，求宗教之解放也；女子参政运动，求女权之解放也。"

何谓"解放"？解放就是"脱奴隶之羁绊，以完其自主自由之人格"。中国封建主义的伦理道德、政治法律，钳制思想，约束自由，阻碍个性发展，是导致中国愚昧落后的重要原因。因而中国要进步，就必须摧毁封建宗法制度，实现人的解放并赋予人民民主自由的权利。

人权平等，就是反对封建专制，反对封建等级制度，反对人治社会，建立法治国家，将个人的自由权利写入宪章、国法，"在法律面前人人平等"。

人格独立，就是反对封建的伦理纲常，反对奴隶道德和封建人身依附关系，倡导个性解放，自主自尊，激发个人的自主意识，焕发民族青春。

思想自由，就是反对文化专制主义，反对迷信盲从，倡导独立思考、言论自由，"我有口舌，自陈好恶；我有心思，自崇所信"。

可见，新文化运动提倡的"民主"，指民主思想和民主政治；"科学"主要指近代自然科学法则和科学精神。通过宣扬民主，反对封建专制，把斗争矛头直指封建专制的理论支柱儒家思想；通过宣扬科学,反对封建迷信和愚昧。这一口号反映了中国社会发展的要求和人民的迫切需要,有力地推动了新文化运动的发展。

新文化运动是由资产阶级激进民主主义者发动的,有伟大的功绩,也有严重的缺点。运动的倡导者没有把新文化运动同广大群众相结合,使文化运动局限在知识分子的圈子里。他们还回避当时对军阀政府的实际斗争,也没有正面提出反帝的任务。以当时的文学革命而论,虽然提出建设"国民文学",但当时的文学活动也只限于一部分知识分子中, 还没有可能普及到工农群众中去。对中国古典文学的一味批判以及对西学的全盘肯定,具有片面性。

以五四运动为界,新文化运动可以划分为两个阶段。五四前的新文化运动是资产阶级民主主义的文化运动,五四以后的新文化运动是无产阶级民主主义的文化运动。新文化运动激发了广大青年追求新思想的热情,促使人们冲破封建思想的罗网,探索救国救民的新出路,在近代中国掀起了一场思想解放的风暴。

五四以后的新文化运动,更成为宣传马克思主义及各种社会主义流派的思想运动, 为马克思主义在中国的传播开辟了道路。五四以后,全国各地的进步报刊和进步社团如雨后春笋,脱颖而出。五四以前,倡导新文化的刊物,只有《新青年》《每周评论》和《新潮》等少数几种,五四后的一年里,全国新出版的期刊猛增至400余种。五四以后一年中出现的进步社团,约有三四百个,较著名的有湖南的"文化书社"、"俄罗斯研究会",湖北的"利群书社",江西的"改造社",广东的"新学生社",天津的"觉悟社"以及各地建立的马克思学说研究会。这些报刊和社团的活动,传播了马克思主义,促进了马克思主义同中国工人运动的结合,为中国共产党的成立创造了条件。新文化运动从内容到形式的深刻变化，是旧民主主义革命向新民主主义革命转变的重要标志之一。

链接　　　　　新文化运动的主将——鲁迅

鲁迅

　　鲁迅(1881—1936年)，中国现代伟大的文学家、翻译家和新文学运动的奠基人，1881年9月25日诞生于浙江省绍兴城里一个破落的封建士大夫家庭，原名樟寿，后改名树人，字豫才，"鲁迅"是发表《狂人日记》时开始用的笔名。

　　1902年，鲁迅赴日本留学，原学医，后从事文艺等工作，企图用笔唤醒国民并改变国民精神。1909年回国，先后在杭州、绍兴任教。辛亥革命后，曾任南京临时政府和北京政府教育部部员、佥事等职，兼在北京大学、北京女子师范大学等校授课。1918年5月，首次以"鲁迅"为笔名，发表中国现代文学史上第一篇白话小说《狂人日记》，对人吃人的制度进行猛烈地揭露和抨击，奠定了新文学运动的基石。五四运动前后，参加《新青年》杂志的工作，站在反帝反封建的新文化运动的最前列，成为五四新文化运动的伟大旗手。1918—1926年间，陆续创作出版了《呐喊》《坟》《热风》《彷徨》《野草》《朝花夕拾》《华盖集》《华盖集续编》等专集，表现出爱国主义和彻底的民主主义的思想特色。其中，1921年12月发表的中篇小说《阿Q正传》,是中国现代文学史上杰出的作品之一。1926年8月,因支持北京学生爱国运动,为反动当局所通缉,南下到厦门大学任教。1927年1月到当时的革命中心广州,在中山大学任教。"四一二"事变以后,愤而辞去中山大学的一切职务。其间,目睹青年中也有不革命和反革命者,受到深刻影响,彻底放弃了进化论幻想。1927年10月到达上海。

　　1930年起,鲁迅先后参加中国自由运动大同盟、中国左翼作家联盟和中国民权保障同盟等进步组织,不顾国民党政府的种种迫害,积极参加革命文艺运动。1936年初"左联"解散后,积极参加文学界和文化界的抗日民族统一战线。从1927—1936年,创作了《故事新编》中的大部分作品和大量的杂文,这些作品收录在《而已集》《三闲集》《二心集》《南腔北调集》《伪自由书》《准风月谈》《花边文学》《且介亭杂文》等专集中。鲁迅的一生,对中国的文化事业做出了巨大的贡献;他领导和支持了"未名社"、"朝花社"等进步文学团体;主编了《国民新报副刊》《莽原》《奔流》《萌芽》《译文》等文艺期刊;热忱关怀、积极培养青年作者;大力翻译外国进步的文学作品和介绍国内外著名的绘画、木刻;搜集、研究、整理了大量古典文学,批判地继承了祖国古代文化遗产,编著《中国小说史略》《汉文学史纲要》《唐宋传奇集》《小说旧闻钞》等。1936年10月19日病逝于上海。

6. 狂飙突进

1917 年 11 月 7 日（俄历 10 月 25 日），中国的北部邻国沙俄，猛然间一声炮响，打破了沉寂的夜空。彼得格勒"阿芙乐尔"号巡洋舰发出了攻打冬宫的信号，俄国十月社会主义革命爆发，俄国资产阶级临时政府最后一个堡垒很快落入起义者手中，列宁宣告世界上第一个无产阶级专政的国家政权苏维埃政府成立，工人阶级破天荒地成为俄国的统治阶级。

此时的中国，正处在一段艰难的社会变革时期，旧民主主义革命实际上已经彻底失败，历史证明，天生弱小而且软弱的中国资产阶级无力承担革命的重任。以提倡民主科学，反对封建主义为主旨的新文化运动正蓬勃兴起，却局限于西方民主政治的框框，提不出符合中国社会实际的社会改革方案。无产阶级正在逐步成长壮大，反帝反封建斗争此起彼伏，却没有一个先进的政党和先进的理论指引航向。中国革命正面临何去何从的痛苦抉择。

1917 年 11 月 10 日，也就是十月革命爆发的第三天，由孙中山指导开办的上海《民国日报》以"突如其来之俄国大政变"为标题报道了十月革命的消息；1918 年元旦该报又发表社论，声称："吾人对于此近邻之大改革，不胜其希望也。"同年 5 月，该报刊发文章指出："俄国数千年之专制政府亦为倡导和平之列宁政府所推翻,行见东亚大陆将为民治潮流所充布,而侵并霸权之主义绝难实现于今日矣。俄国列宁政府之巩固,即由于和平之放任主义,中国似宜取于法。"公开提出了向俄国学习的主张。

这一年,孙中山一反北京政府的做法,致电苏维埃政府和列宁,祝贺十月革命的胜利。电文说:"中国革命党对贵国革命党所进行的艰苦斗争,表示十分钦佩,并愿中俄两党团结共同斗争。"8月1日,苏维埃政府外交人民委员契切林代表列宁向孙中山致意:"人民委员会给予我一个光荣任务,向您,尊敬的导师,在几个月前代表南方国会致工农政府的贺词一事表示感谢……当各帝国主义政府从东、西、南、北伸出贪婪的魔掌,想一手击破俄国革命并剥夺俄国工农用世界上前所未有的革命而获得的东西的时候,当外国银行家所扶植的北京政府准备同这伙强盗勾结的时候——在这个艰辛的时刻,俄国劳动阶级就向他们的中国兄弟呼吁,号召他们共同进行斗争……我们的胜利就是你们的胜利!"

十月革命也迅速成为新文化运动传播的热门内容,并对李大钊、陈独秀等人产生了深刻的影响。一批先进的知识分子开始关注、研究、传播马克思列宁主义。

1918年7月,李大钊发表了他的第一篇关于十月革命的论文——《法俄革命之比较观》,第一次指出俄国革命是发生于20世纪初,建立在社会主义基础之上的一场革命,准确揭示了革命的性质。10月,李大钊又连续发表了《庶民的胜利》和《布尔什维主义的胜利》,进一步阐述十月革命的胜利,就是马克思列宁主义的胜利,就是工人阶级和劳动人民对于资本主义和军国主义等一切反动势力的胜利。

在十月革命的影响下,新文化运动终于同政治斗争结合起来。中国进步知识分子开始走出"欧风美雨",选择接受马克思主义,探究俄国革命成功的真谛。

中国历史行至这样的关节点上,一场伟大的爱国运动爆发了。

1919 年 1 月,第一次世界大战的战胜国在巴黎召开"和平会议"(即"巴黎和会")。作为"战胜国"之一的中国派出了陆征祥、王正廷、顾维钧等 5 人组成的代表团出席巴黎和会。在全国人民舆论的压力下,中国代表团向和会提出了几项合情合理的正当要求:第一,取消外国在中国的某些特权,即废除势力范围,撤退外国军警,裁退外国邮政电报机关,撤销领事裁判权,归还租借地,归还租界,关税自主。第二,取消日本帝国主义同袁世凯订立的企

《东方杂志》刊登的"中国参与欧洲和会全权委员":陆征祥(中)、顾维钧(右上)、王正廷(左上)、施肇基(右下)、魏宸组(左下)

图灭亡中国的"二十一条"。第三,归还在第一次世界大战期间被日本抢占的德国在山东侵占的各项权益,将胶州湾租界地、胶济铁路及其他权益直接归还中国。但是,操纵巴黎和会的列强竟以种种荒谬理由,拒绝中国提出的维护国家领土主权的正义要求,原先被德国在山东强占的领土、铁路、矿山及其他一切特权,都由日本继承。

巴黎和会上中国外交失败的消息传到国内,群情激愤,久积在中国人民胸中的怒火,像火山一样爆发出来。5月3日晚,北京大学校园一片沸腾,北大、高师、工专、法政等校学生代表1000多人,聚集在北大法科礼堂,讨论如何拯救祖国、挽回主权等问题。

5月4日下午,北京大学等13所大专学校3000多人在天安门前集会,随后举行示威游行。他们高呼"还我青岛"、"收回山东主权"、"取消二十一条"、"外争国权,内惩国贼"等口号,要求拒绝在和约上签字,惩办亲日派官僚曹汝霖(签订"二十一条"时的外交次长,时任交通总长)、陆宗舆(签订"二十一条"时任驻日公使,时任币制局总裁)和章宗祥(时任驻日公使)。学生们的游行队伍从广场出发,出中华门,向东交民巷使馆区走去。在东交民巷西口,游行队伍受到中国巡捕阻拦,转头向北,来到赵家楼胡同曹汝霖住宅前。愤怒的学生们高喊"罚办亲日派卖国贼曹汝霖、章宗祥、陆宗舆"的口号,冲入曹宅,痛打了正在曹汝霖家的章宗祥,放火点燃曹汝霖的住宅,北洋政府出动武装军警镇压,逮捕示威学生32人。

为抗议反动政府的镇压,营救被捕学生,北京各大专学校的学生从5月5日起进行总罢课。社会各界也纷纷举行罢市、罢工以支持学生们的爱国行动。在群众运动的强大压力下,5月7日,被捕的 32 名学生全部获释。5 月 9 日,北京大学校长蔡元培因同情学生而被迫辞职出走。北京学生强烈要求政府挽留蔡元培,各校教职员也同学生一起参加斗争。19 日,北京专科以上学校学生再次总罢课。

北京学生的爱国运动,得到了各地青年学生和人民群众的同情和支持,学生爱国运动的烈火迅速燃遍全国,发展成为全国性的反帝爱国运动。济南、天津、上海、南京、成都、长沙、武汉、广州等大中城市的学生,在日本、法国的中国留学生,以及广大海外华侨,都积极展开各种形式的反帝爱国运动。

5 月 21 日,日本驻华公使提交"紧急照会",胁迫北京政府加紧镇压学生运动。6 月 1 日,北京政府下令取缔学生的一切爱国行动,更加激起了学生群众的愤怒。北京学生从 6 月 3 日起再次走上街头演讲,遭军警镇压,170 多人被捕,第二天又有 700 多名学生被捕。但是,学生们并未屈服。第三天上街演讲的学生增加到 5000 余人。

北京政府对学生爱国行动的野蛮镇压,激起了全国人民的极大愤慨。6 月 4 日,上海学联得知消息后,立即通电全国,呼吁各界"主持公理,速起救援"。6 月 5 日,上海工人自动举行罢工,支援北京学生。在工人阶级的带动下,上海实现了学生罢课、工人罢工、商人罢市的斗争局面。随之,全国兴起罢工风潮。沪宁、沪杭、京汉、京奉等铁路和汉口、长沙、芜湖、南京、济南等城市的工人也纷纷罢工。商人罢市也遍及各地城镇。至此,五四爱国运动突破了知识分子的范围,发展成为以工人为主力、有小资产阶级和资产阶级参加的全国范围的群众爱国运动。

在全国人民的强大压力下,北京政府被迫于 6 月 7 日释放被捕学生。10 日,罢免亲日派卖国贼曹汝霖、陆宗舆、章宗祥三人的职务。五四运动取得初步胜利,但拒绝和约的问题仍然没有解决,斗争仍在继续。

6 月 11 日,北京大学教授陈独秀、高一涵等人到北京前门外闹市区散发《北京市民宣言》,声明如政府不接受市民要求,"我等学生商人劳工军人等,唯有直接行动以图根本之改造"。陈独秀因此被捕。各地学生团体和社会知名人士纷纷发出通电,抗议北京政府的这一暴行。17 日,北京政府违背全国人民意愿,企图在凡尔赛和约上签字。北京学联立即号召学生投入拒签和约的斗争。18 日,山东派出各界代表 80 多人进京请愿。北京、上海等地学生、工人纷纷响应。在巴黎的华工和中国留学生也强烈要求拒绝签约。直到 27 日晚,陆征祥的住处仍被数百名中国留学生和华侨商人所包围。在这种情况下,中国代表团拒绝出席巴黎和会在 28 日举行的和约签字仪式。五四运动所提出的直接斗争目标基本得到实现。

五四爱国运动促进了中国人民新的觉醒。先进青年更加清楚地看到国家命运岌岌可危,更加感到腐败黑暗的社会现状难于忍受。他们以救国救民、改造社会为己任,积极探索拯救中国的道路。在各种学说竞起争鸣的形势下,马克思主义在中国得到广泛传播,俄国十月社会主义革命的影响逐渐扩大。有相当一部分人逐渐怀疑以至否定资产阶级共和国的道路,而向往社会主义,认为"社会主义是现时和将来的人类共同的思想"。五四运动后,《新中国》《每周评论》《晨报副刊》《国民》等刊物开始刊登文章宣传马克思主义。具有初步共产主义思想的知识分子编辑刊物,撰写文章,组织社团,初步接触工人群众,研究和宣传马克思主义。经过比较、鉴别、争辩,马克思主义以其缜密的科学性和革命精神成为日益增多的先进分子的信仰,中国一代青年马克思主义者逐步成长起来。新文化运动发展成为以传播马克思主义为中心的思想运动。

五四运动是中国人民反对帝国主义、封建主义的爱国运动,标志着工人阶级登上政治舞台,是中国旧民主主义革命的结束和新民主主义革命的开端。

"十月革命的一声炮响,给我国送来了马克思列宁主义",是毛泽东同志的一句名言。他认为:"资产阶级的民主主义让位给工人阶级领导的人民民主主义,资产阶级共和国让位给人民共和国。这样就造成了一种可能性:经过人民共和国到达社会主义和

1919 年 5 月 4 日北京学界游街大会被拘留的爱国学生被释返校

共产主义,到达阶级的消灭和世界的大同。"这是近代中国学习西方长期实践经历的经验积累和历史选择。

五四运动开启了一个时代,一个柳暗花明、狂飙突进的时代,一个由中国人民自己掌握命运并且改变命运的时代,一个变白首民族为青春民族的时代。

从中国近代史的历程来看,近代中国的民族觉醒之路异常艰难崎岖。鸦片战争以前,中国的封建统治者以天朝大国自居,用盲目自信的傲慢和顽固不化的守旧来应对西方势力的东渐;鸦片战争后,国人一度震动,睡眼微睁,紧接着便是"雨后忘雷",继续昏睡;经过第二次鸦片战争英法的再次打击后,"师夷制夷"之说才成为社会思潮,却又套上了"中体西用"的框框,"变法"只在细枝末节,缺乏整体性的近代文明观,近代化课题在洋务、维新改制和共和革命的羊肠小道上坎坷行进,与日本明治维新一气呵成的全面近代化变革不同。直到中国人民找到并选择了马克思主义作为解放和振兴中国的思想武器,中华民族的觉醒和探梦之旅,才开始步入历史的阳光地带。

链接　　　　　　　**五四青年节和五四精神**

五四青年节是为纪念1919年5月4日爆发的五四运动而设立的。它来源于中国1919年反帝爱国的"五四运动"。1939年,陕甘宁边区西北青年救国联合会规定5月4日为中国青年节。1949年12月,中国中央人民政府政务院正式宣布5月4日为中国青年节。2008年4月,经国务院法制办同意,"青年节"放假适用人群为14至28周岁的青年,3亿多青年将于每年5

月 4 日放假半天。青年节期间,中国各地都要举行丰富多彩的纪念活动。

五四精神的核心内容为"爱国、进步、民主、科学"。爱国主义是五四精神的泉源,民主与科学是五四精神的核心;勇于探索、敢于创新、解放思想、实行变革是民主与科学提出和实现的途径;理性精神、个性解放、反帝反封建是民主与科学的内容。纪念五四运动,发扬五四精神,最终目的都是为了振兴中华民族。

五四精神是升华了的爱国精神。归结起来就是:忧国忧民的爱国主义精神,无私奉献的高度社会责任感,宣传民主科学的进步精神,追寻时代潮流、把握时代命运的伟大精神。总之,五四精神代表着诚实的、进步的、积极的、自由的、平等的、创造的、美的、善的、和平的、相爱互助的、劳动而愉快的、全社会幸福的统一体。

四、崛起的中国

1. 初升的红日

　　五四爱国运动的胜利,极大地激发了中国人民,尤其是青年知识分子兴邦救国、创造新社会的热情。环顾四周依然沉寂的社会,一种打破黑暗、冲决罗网的冲动愈益强烈。正如《曙光》杂志在创刊宣言中所说:"我们处在中国现在的社会里头,觉着四周的种种环境、层层空气,没有一样不是黑暗、恶浊、悲观、厌烦,如同掉在十八层地狱里似的。若果常常如此,不加改革,那么还成一种人类的社会吗?所以我们不安于现在的生活,想着另创一种新生活,不满于现在的社会,想着另创一种新社会。"

　　"我们知道了!我们觉醒了!天下者我们的天下。国家者我们的国家。社会者我们的社会。我们不说,谁说?我们不干,谁干?"这是那个时代年轻的毛泽东在《湘江评论》上说过的话。

正是带着如此豪迈的气概,如此坚定的信念,如此强烈的使命意识,中国年轻的知识分子开始了改造社会的伟大实践。办刊物、办学会、研究世界历史、比较和论辩各种主义、社会实验、留学考察……成为社会时尚。

而在此时,中国的工人阶级也成长了起来。

第一次世界大战期间,西方列强忙于欧洲战事,中国的民族资本主义步入了一个快速发展的阶段,中国产业工人的人数猛增到 200 多万人,而且大多集中在上海、天津、武汉、青岛、广州等大城市,容易组织起来并形成强大的政治力量;中国工人阶级大多数来自农村,与农民有密切的联系,极有利于工农联盟的建立;五四运动中,中国工人阶级更以独立的政治力量走上了历史舞台。

1920 年,中国的马克思主义传播进入了一个高潮时期,大量的马克思列宁主义译著不断问世。由陈望道翻译的《共产党宣言》第一个中文全译本在上海出版;列宁的《民族自决》《过渡时代的经济》《俄罗斯的新问题》等译文也散见于报刊;通过李大钊的努力,马克思主义新思想课程登上了

《共产党宣言》陈望道译本

高等学校的讲坛。

马克思主义传播和知识分子同劳动阶级的结合,终于孕育了一个伟大的生命。

1920 年夏天,上海共产主义小组成立。最初的成员有陈独秀、李汉俊、李达、陈望道、沈玄庐、俞秀松、施存统、杨明斋等,不久又加入了沈雁冰和邵力子。担任书记的陈独秀将《新青年》作为上海小组公开发行的机关刊物,同时又创办了一个秘密性党刊,用于指导和推动各地的建党活动。这份秘密刊物的名字就叫《共产党》!

1920 年 10 月,李大钊、张申府、张国焘、罗章龙、刘仁静、邓中夏等在北京组建了北京共产主义小组,创办了对工人进行社会主义宣传的周刊《劳动音》。

1921 年上半年,毛泽东、何叔衡等在长沙,董必武、陈潭秋等在武汉,施存统、周佛海等在东京,谭平山、陈公博等在广州,邓恩铭、王尽美等在济南,周恩来、刘清扬、赵世炎等在巴黎,先后建立了共产主义小组。

中国青年的组织——社会主义青年团也相伴而生。1920 年 8 月,上海社会主义青年团率先成立,紧接着北京、长沙、广州、武汉、天津等地的青年团纷纷诞生。

列宁曾经豪迈地宣告:"给我们一个革命家组织,我们就能把俄国翻转过来!"

在中国——

历史终于走到了这一步。

历史终于迈出了这一步!

1921 年 7 月 23 日,来自全国的 13 名中共代表在上海法租界贝勒路树德里 3 号(后称望志路 106 号,现改为兴业路 76 号),秘密召开了中国共产党各地组织有史以来的第一次代表大会。

链接	中国共产党的性质

　　中国共产党是围绕自己的政治纲领、按照自己的政治路线、为实现自己的政治目标而组织起来的政治集团,是用马克思列宁主义、毛泽东思想、中国特色社会主义理论体系武装起来的中国工人阶级先锋队,同时也是中国人民和中华民族的先锋队,是中国特色社会主义事业的领导核心。中国共产党的性质、宗旨和指导思想,决定了中国共产党必须把全心全意为人民服务、诚心诚意为中国人民谋利益作为自己全部活动的出发点和归宿。在我们党 90 多年的奋斗历程中,这一神圣宗旨始终是贯穿其间的一条红线。

　　他们代表了全国 57 名党员,由七个地区分别派出,名额各两位。旅法小组因路途遥远未能派代表出席。中国共产党的缔造者李大钊和陈独秀因故未能出席会议。参加会议的 13 位代表是:来自上海小组的李达、李汉俊;来自武汉小组的董必武、陈潭秋;来自长沙小组的毛泽东、何叔衡;来自北京小组的张国焘、刘仁静;来自济南小组的王尽美、邓恩铭;来自广州小组的陈公博、包惠僧;来自旅日小组的周佛海。受共产国际执委会委派协助中国建党的马林,以及受国际远东书记处委派、以赤色职工国际理事会代表身份出席的尼科尔斯基,出席了第一天的会议。

　　7 月 30 日,中共"一大"被暗中监视的特务和突然闯入的法国巡捕打断,代表们机智应对,并于次日转移到嘉兴南湖。会议在

1921 年 7 月 30 日晚,在浙江嘉兴南湖一艘游船上召开了中共"一大"最后一次会议

一艘游船上继续举行。会议通过了《中国共产党党纲》《关于当前实际工作的决议》,选举了党的领导机构。陈独秀当选为中央局书记,张国焘为组织主任,李达为宣传主任。会议宣告中国共产党正式成立。

中国共产党的诞生是中国革命运动发展的必然结果。鸦片战争以来,中国人民面对强大的帝国主义和封建主义势力,进行了艰苦卓绝的斗争,沉重打击了它们的反动统治,但终因没有先进阶级的领导和先进思想的指导,而无法逃脱失败的命运。事实证明,在半殖民地半封建社会的中国,农民阶级和资产阶级都不能领导中国革命取得胜利。因此建立无产阶级政党来领导中国革命,便成为中国人民革命斗争发展的必然要求,也是中国近代历史发展的必然逻辑。

中国共产党的成立,顺应了近代以来中国社会进步和革命发展的客观要求。中国新兴的无产阶级有了自己坚强的指挥部,灾难深重的中国人民有了可以信赖的领导者和组织者。从此,实现中华民族复兴的伟大使命,历史性地落到了中国共产党的肩上。中国革命进入了崭新的发展阶段。

中国共产党的诞生,的确是近代史上开天辟地的大事。在痛苦中探梦、在黑暗中徘徊的中国,终于迎来了一轮照亮长夜的红日。仅仅 28 年时间,中国共产党就真的把一个旧得泛黄的社会彻底翻了过来。

链接　　　　　　　　　　**党的生日的由来**

中国共产党成立后因长期处于战争年代,没有条件纪念本党的诞生日。1938 年 5 月,由于党中央所在的延安是抗日的大后方,具备了纪念党的诞辰的条件,但面临的一个问题是搞不清具体的日期。当时在延安参加过"一大"的代表只有毛泽东和董必武二人,可他们也记不清楚。经两人商量后,决定就用 7 月的头一天作为纪念日。

1938 年 5 月 26 日,毛泽东在延安召开的抗日战争研究会上发表了著名的《论持久战》演讲,明确提出:"7 月 1 日,是中国共产党建立十七周年纪念日。"到 1941 年 6 月,中共中央发出《关于中国共产党诞生二十周年抗战四周年纪念指示》,正式确定7 月 1 日为党的诞生纪念日。

2. 解放之路

　　带着追求国家独立和民族解放的梦想,年轻的中国共产党踏上了一条艰难曲折的旅程。

　　中国共产党诞生时期的中国,是一个生产力落后,民族羸弱,军阀割据,列强横行,资产阶级与地主阶级纠葛一处的国家。认清革命的对象,是一项极其紧迫的重要任务。1922 年,中共"二大"召开,党中央制定了最高纲领和最低纲领,把推翻北洋军阀统治作为最紧迫的任务。

　　中国共产党立即深入各大工厂、煤矿、码头,组织和领导工人成立工会,开展反对帝国主义和军阀统治的罢工斗争,先后领导了香港海员罢工、京汉铁路工人大罢工等工人运动。1922 年 1 月到 1923 年 2 月,中国工人运动出现了第一次高潮。同时,中国共产党积极推动同孙中山领导的中国国民党合作,建立了以共产党员和国民党左派为核心的国共两党和各界人民的革命统一战线,联合一切可以联合的力量,迅速掀起了 1925 年至 1927 年的大革命高潮,胜利举行了北伐战争,基本上摧毁了北洋军阀的反动统治。但是,在这次大革命的过程中,以陈独秀为代表的右倾机会主义者,犯了"一切联合,否认斗争"的错误,对统一战线内部的地主、资产阶级分子的妥协性、反动性认识不足，没有及时有效地组织革命力量同他们作坚决的斗争。

1927年4月至7月，蒋介石等国民党内的反共首领相继发动了反革命政变，正式同共产党决裂，大规模捕杀共产党人和革命群众，致使持续三年多的轰轰烈烈的大革命最终失败。

大革命失败后，蒋介石国民党在帝国主义、买办资产阶级和封建势力的支持下，建立了新军阀的反动统治，对共产党人和革命者实行极其残酷的镇压，"宁可错杀千人，不可使一人漏网"。仅1927年到1928年上半年，就屠杀了共产党员和革命群众33.7万多人。但是，共产党人并没有被吓倒、被杀绝，他们揩干身上的血迹，掩埋好同伴的尸体，又走上了同反动势力抗争的战场。

大革命失败血的教训，促使共产党深刻认识到"枪杆子里面出政权"的道理。1927年8月1日，周恩来、朱德、叶挺、贺龙、刘伯承等领导的南昌起义，打响了武装反抗国民党反动派的第一枪。8月7日，党中央召开紧急会议，确定了实行土地革命和武装起义的方针。9月，毛泽东同中共湖南省委领导了湖南、江西边界的秋收起义。随后，湘鄂赣粤各地的秋收起义、广州起义和其他许多地区的起义先后爆发。自1927年大革命失败到1928年，党在全国各地领导武装起义100多次，开始进入创建红军和发动土地革命的新时期。

毛泽东同志领导的秋收起义，组织了中国工农革命军第一军第一师，在军队中建立了党的组织，并把党的支部建在连上。1927年10月，秋收起义的部队转入井冈山，在井冈山创建了第一个农村根据地。1928年，朱德带领南昌起义的部队到井冈山与毛泽东会师，创立了红军第四军，扩大了井冈山革命根据地。

青年毛泽东

这一年,毛泽东在井冈山撰写了《井冈山的斗争》和《中国的红色政权为什么能够存在》,指出了中国革命应当在反动统治薄弱的农村积聚力量,实行工农武装割据,以农村包围城市,最后夺取城市取得全国政权的道路。以毛泽东为代表的中国共产党人,将土地革命同武装斗争结合起来,建立了星罗棋布的革命根据地,并以中央革命根据地为中心,于 1931 年在江西瑞金成立了中华苏维埃共和国,先后粉碎了蒋介石发动的四次"围剿",中国革命出现了一派欣欣向荣的景象。到 1933 年,全国红军发展到 33 万人,共产党员也从 1927 年大革命失败后的 1 万人发展到 30 多万人。

但是,在此之后的一段时间里,党内"左"倾错误,几乎使城市中有组织的革命力量损失殆尽。党中央在城市站不住脚,1933 年,被迫撤到江西中央革命根据地。第五次反"围剿"失败,红一方面军损失惨重,不得不在 1934 年 10 月退出中央革命根据地,进行二万五千里长征。1935 年 1 月,中共中央政治局扩大会议在长征途中的遵义召开,与会者批评了党在军事指挥上的错误,重新选举了党的军事领导机构,确立了毛泽东同志在全党的领导地位。遵义会议成为中国革命走向胜利的重要转折点。

中国工农红军突破国民党反动派的围追堵截,战胜雪山草地等恶劣自然环境,于 1935 年 10 月 19 日到达陕北吴起镇。然而王明的"左"倾冒险主义造成的这次严重失败,却使全国红军由 30 万人减少到 3 万人左右,共产党员由 30 万人减少到 4 万人左右。

1937 年 7 月,抗日战争全面爆发。中国共产党从民族利益出发,不计前嫌,将红军改编为八路军和新四军,成为抗击日军侵略的重要力量。9 月,平型关大捷,歼敌千余人,粉碎了日军不可战胜的神话。全面抗战以来中国军队的第一次重大胜利,极大地鼓舞了中国人民的士气。10 月,八路军 120 师配合友军忻口会战,切断日军补给线;129 师夜袭山西代县阳明堡日军机场,捣毁敌机 24 架。1940 年,彭德怀指挥八路军发动百团大战,历时 3 个多月,大小战斗 1800 余次,攻克日伪军据点 2900 多个,歼敌 45000余人。八路军和新四军逐渐成为抗日战争的中流砥柱;延安,也成了爱国青年心目中的"圣地"。

针对中国实际,毛泽东多次重申党的"二大"提出的关于中国革命分两步走的规划,提出了新民主主义革命的光辉思想,指出了中国的出路在于推翻帝国主义、封建主义的反动统治,进而

会宁西关——红二、四方面军与红一方面军会师点

转入社会主义。并着重总结了建军以来,在统一战线方面的经验教训,制定了既联合又斗争的策略,以及同顽固派斗争的方针,建立了国民党在内的包括一切抗日的阶级、阶层的抗日民族统一战线。并将我党工作的重点放在敌后,放手发动群众,开展游击战争,建立革命根据地和政权。在抗日战争时期,由于执行了以毛泽东同志为代表的党中央的正确路线,致使革命力量迅速发展。到抗日战争胜利前夕,人民军队的主力,由抗战开始的3万多人,发展到120多万人,创建的根据地有19块,包括华北、华中、华南19个省的广大地区,总面积近100万平方公里,人口近1亿。中国共产党发展壮大,成长为一个具有广泛群众性的马克思主义的无产阶级政党,成为中国人民前所未有的领导力量。

抗战时期,中国共产党领导的人民抗日武装力量对日作战125165次;毙伤俘日伪军1714117人,其中歼灭日军527422人;缴获长短枪682831枝,轻重机枪1.1万多挺,各种火炮1852门;收复国土104.8万平方公里,解放人口1.255亿。

抗日战争结束以后,蒋介石依赖美国的援助,拒绝中国共产党和全国人民关于实现和平民主的正义要求,悍然发动全面内战。以毛泽东同志为代表的中国共产党,根据革命形势的变化和革命实践的发展,充实和丰富了新民主主义革命的理论和政策,面对蒋介石发动的全面内战,提出了"针锋相对,寸土必争"的方针,以革命的两手反对其反革命的两手。

1947年后,国共两党之间的军事力量对比发生了重大变化。战争的主动权转移到共产党的手中。1948年底至1949年初,中国人民解放军相继发动辽沈、淮海、平津三大战役,历时4个月,歼灭国民党军队150万余人。1949年4月21日,毛泽东主席和

朱德总司令发出命令,打响了渡江战役。23日晚,南京解放,宣告
了国民党反动统治的结束,蒋介石败退台湾。从1946年7月解放
战争爆发,到1950年6月中国人民解放军解放海南岛,中华民族
两种命运的大决战终于有了一个光辉的结局:以中国共产党为代
表的人民民主力量,战胜了以国民党为代表的帝国主义、封建主
义、官僚资本主义三大革命对象,开创了前无古人的事业。

　　1949年10月1日,百年梦圆。中华人民共和国开国大典在
北京举行,庄严的五星红旗在天安门广场冉冉升起。毛泽东在
天安门城楼向世界宣告:"中华人民共和国中央人民政府今天
成立了!"

　　中国共产党在领导中国各族人民为新民主主义而斗争的过
程中,经历了国共合作的北伐战争、土地革命战争、抗日战争和全

开国大典

国解放战争这四个阶段,其间经受了 1927 年和 1934 年两次严重失败的痛苦考验。经过长期武装斗争和各方面、各种形式斗争的密切配合,终于在 1949 年取得了革命的胜利。

链接　　中国共产党为中国革命付出的牺牲

据中央民政部门和组织部门统计,全国有名可查和受到优抚待遇的烈士有 370 多万人;

仅在北伐战争、土地革命时期和抗日战争时期,人民军队在战场上牺牲的就达 76 万多人,其中有 32 万余人是共产党员,占了将近一半。而当时军队中的共产党员最多只占 1/3;

1927 年大革命失败后,据不完全统计,仅从 1927 年 3 月到 1928 年上半年,遭国民党反动派屠杀的革命群众和共产党人就达 31 万多人,其中共产党员就有 26000 多人。而据 1927 年 4—5 月的统计,全国共产党员才不过 57000 多人,到 1927 年 8 月,全国共产党员仅剩 10000 多人。

抗日战争时期,敌后解放区军民也付出了重大牺牲。据不完全统计,解放区平民死亡 890 余万人,八路军、新四军和华南抗日游击队共伤亡 584267 人,为中华民族的独立和解放做出了不可磨灭的历史贡献。

据民政部 2009 年的不完全统计,在新民主主义革命的 31 年中,牺牲在战场上和刑场上的先烈多达 2000 余万人。其中有姓氏可考、收入各级人民政府编辑的《烈士英名录》的就有 176 万人。

有数据显示,新中国成立前,中央委员与候补委员共 170 多人,其中 42 人遇难牺牲,占总人数的 25%。政治局委员与候补委员总数 55 人,其中 15 人遇难牺牲,占总人数的 27%。

党的"十五大"报告指出:"在中国,从来没有任何一个政治组织像我们党这样集中了那么多先进分子,组织得那么严密和广泛,为中华民族作出了那么多牺牲。"

党的"十八大"报告也指出:"在中国特色社会主义道路上实现中华民族伟大复兴,寄托着无数仁人志士、革命先烈的理想和夙愿。在长期艰苦卓绝的奋斗中,我们党紧紧依靠人民,付出了最大牺牲,书写了感天动地的壮丽史诗,不可逆转地结束了近代以后中国内忧外患、积贫积弱的悲惨命运,不可逆转地开启了中华民族不断发展壮大、走向伟大复兴的历史进军,使具有五千多年文明历史的中华民族以崭新的姿态屹立于世界民族之林。"

中国共产党领导中国人民取得的反对帝国主义、封建主义、官僚资本主义的胜利充分说明:

中国共产党是无产阶级的先锋队,是全心全意为人民服务的不谋任何私利的政党,是敢于并善于领导人民百折不挠地与敌人作斗争的政党。中国各族人民从亲身经历中看到了这个事实,从而紧密团结在党的周围,实现了我国历史上空前的民族统一和团结。

中国革命的胜利,是在马克思列宁主义指导下取得的。我们党创造性地运用马克思列宁主义的基本原理,把它同中国革命的具体实践结合起来,形成了伟大的毛泽东思想,找到了夺取中国革命胜利的正确道路。这对于马克思列宁主义的发展是一个重大的贡献。

中国革命的胜利,在我国结束了极少数剥削者统治广大劳动人民的历史,结束了帝国主义、殖民主义奴役中国各族人民的历史。劳动人民成了新国家、新社会的主人。人民革命在一个人口占人类近四分之一的大国的胜利,改变了世界政治力量的对比,也激励了许多类似中国这样受帝国主义、殖民主义压迫剥削的国家的人民,增强了他们前进的信心。中国革命胜利是第二次世界大战以后最重大的政治事件,对国际局势和世界人民斗争的发展具有深刻的久远的影响。

链接　　　　　江西人民为中国革命做出的巨大牺牲

土地革命战争时期,江西革命根据地近 1000 万人口中的青壮年里,有一半左右先后参军或参与执行战争勤务。全省有名有姓的烈士 25 万人,占全国烈士的六分之一。

井冈山斗争两年四个月,牺牲 4.8 万多人,而有名有姓的烈士只有 15774 人。

土地革命战争时期,赣南 13 个苏区县总人口约 240 万,青壮年有 50 万,先后扩红参军的有 33 万,支前的 60 余万,牺牲的有 20 余万人,其中有名有姓的烈士为 10.8 万人,兴国、瑞金、于都、宁都等县的烈士都在 1.6 万人以上。如,兴国县人口 23 万,参加红军 8 万多人,全县有名有姓的烈士 23179 人;瑞金人口 24 万,参加红军 4.9 万多人,参加长征 3.1 万余人。

中央红军长征前夕,苏区人民响应中央政府号召,扩大红军达 8.6 万人,征调挑夫 5000 余人,借谷 84 万担,筹款 150 余万元;长征几乎每走一公里就有一名兴国籍(牺牲 12038 人)或一名瑞金籍(牺牲 10800 余人)的红军战士倒下;每前进 50 米,就有 1 名江西籍的红军战士倒下。

链接　　　　　　从江西走出的开国将军

1955年9月至1965年5月，全军授衔将帅共1614名。其中，原籍省份人数较多的前10位，被称之为"十大将军省"；原籍县份人数较多的前10位，被称之为"十大将军县"。在十大将军省中，江西排在第一位，共有325人。江西，走出了肖华、陈奇涵、赖传珠等3位开国上将，梁兴初、吴克华、王恩茂等38位开国中将，谢振华、曾克林、丁盛等284位开国少将。江西一省将军占全国将帅总数的20.13%，主要分布在赣西南地区的莲花、永新、吉水、吉安、泰和、兴国、宁都、于都、瑞金一带。

其他将军省为：湖北(235人，占全国将帅总数的14.56%)、湖南(202人，占全国将帅总数的12.52%)、安徽(128人，占全国将帅总数的7.93%)、河南 (108人，占全国将帅总数的6.69%)、四川(含重庆共99人，占全国将帅总数的6.13%)、山东(90人，占全国将帅总数的5.57%)、福建(83人，占全国将帅总数的5.14%)、河北(80人，占全国将帅总数的4.96%)、陕西(63人，占全国将帅总数的3.9%)。

全国拥有5位以上将军的市县46个，江西占据17个，仍然位居全国第一。经统计，拥有将军最多的十大将军县是：湖北红安(60人)、江西兴国(54人)、安徽金寨(54人)、湖南平江(52人)、江西吉安(46人)、江西永新(41人)、湖北大悟(36人)、河南新县(36人)、安徽六安(34人)、湖南浏阳(30人)，江西仍然排第一位，占了3个县。

3. 从站起来到富起来

"上海建党,开天辟地;南昌建军,惊天动地;瑞金建政,翻天覆地;北京建国,改天换地。"这是当代党史研究者对 1949 年以前 28 年中共党史重要节点的精炼概括。

28 年,中国共产党实现了中华民族"救国"和"建国"两大目标,实现了中国近代史上的百年梦圆。

1949 年 9 月 21 日至 30 日, 中国人民政治协商会议在北平召开。毛泽东主持会议并致开幕词:"我们团结起来,以人民解放战争和人民大革命打倒了内外压迫者,宣布了中华人民共和国的成立。我们的民族将从此列入爱好和平自由的世界各民族的大家庭,以勇敢而勤劳的姿态工作着,创造自己的文明和幸福,同时也促进世界的和平和自由。我们的民族将再也不是一个被人侮辱的民族了,我们已经站起来了。"

然而站起来的中国人和新成立的中国政权,面对的是旧中国历经百年蹂躏已经百孔千疮的烂摊子。从站起来到富起来,还有一段漫长而艰巨的路程。

1949 年的中国,基本上是一个农业和手工业国家。虽然早在 19 世纪 60 年代,官僚买办已经创办了近代工业,19 世纪 70 年代初期,民族资本主义也开始发展起来,但是直到 1949 年,我国近代工业的产值只占工农业总产值的 17%, 主要产品的产值比发达国家落后 100~150 年。民族资本主义经济更是极其弱小,民族工业资本的资金净值在 1936 年为 11.7 亿元,1949 年为 20.08 亿元。全国人口中的 80%是文盲,现代科技几乎是一片空白,国库里的黄金悉数被蒋介石劫往台湾。

民族工业主要是纺织、食品等轻工业。雇工 500 人以上的工厂只占 0.1%,雇工 10 人以下的小工厂占 69.7%;其中 70.91%是无机器生产的手工工场。工业分布极不平衡,70%以上集中于占国土面积不到 12%的东部沿海地区,重工业主要集中在辽宁,轻纺工业主要集中在上海、天津、青岛、广州、苏南等少数城市和地区。内地除了武汉、重庆等几个沿江城市外,广大地区尤其是边疆少数民族地区很少甚至几乎没有什么近代工业。占国土面积 68%的广大西部地区,工业生产总值仅占全国的 9%,总共只有300 多家厂矿企业,绝大部分以手工劳动为主。少数民族聚居地区,只有家庭手工业和手工作坊。

各城市之间,经济缺乏有机联系。国民收入中的 68.4%来自农业,工业仅为 12.6%。在工业领域内部,手工业占了工业产值的70%。除了少数大城市之外,多数中小城市和广大农村基本无电力供应。受战争影响,全国交通运输通信等基础设施破坏殆尽,主干铁路没有一条能够全线通车,勉强能通车的铁路只剩 1.1 万公里,还不及印度 1914 年铁路长度的一半。国民党逃离大陆时,劫走了全国所有的飞机和华北的全部海轮。全国只剩 401 台拖拉机,不到印度 7500 台的零头。

1949 年中国国民生产总值仅有 358 亿元（约折合 98.1 亿美元）,相当于美国国内生产总值(2800 多亿美元)的 3%;全国工农业生产总值为 466.1 亿元,摊到每一个中国人头上,人均只有 86

元;国民收入 358 亿元,人均只有 66 元;全年财政收入 304 亿斤粮,支出 567 亿斤,缺口 263 亿斤,赤字占支出约 46.4%。人均国内生产总值,亚洲平均为 44 美元,印度 57 美元,我国仅 27 美元。

工农业主要产品产量:原煤产量 3243 万吨,相当于美国 1870 年、法国 1898 年的产量,比英国 1850 年的产量还少 1000 多万吨;原油产量 12 万吨,不及美国 1861—1865 年平均年产量的一半;发电量 43.1 亿度,接近英国 1913 年、美国 1902 年的水平,不及法国 1926 年的一半;水泥 66 万吨,相当于美国 1884 年的产量,不及英国、法国 1925 年产量的 1/5;棉布 18.9 亿米,不及美国 1937 年产量的 1/4;粮食 11318 万吨,比美国 1876 年的产量少 4000 多万吨;棉花 44.5 万吨,相当于美国 1866 年的产量;钢产量仅有 15.8 万吨,相当于英国 1870 年、美国 1872 年、法国 1873 年的产量,仅占世界钢产量的 0.1%。

工农业产值同历史上的最高年产值相比,重工业减少约 70%,轻工业减少约 30%,粮食产量减少约 25%,棉花产量减少约 48%。如果再形象一点说,1949 年的中国,平均每人每天只能得到 0.572 公斤粮食,13 克油,17 克肉,2.3 克水产品;每人每年只有 0.6 公斤纱,7.9 度电,59 公斤煤,0.29 公斤钢(不到 6 两,不够打一把菜刀)。

1949 年,全国各地旱、冻、虫、风、雹、水灾相继发生,尤其以水灾最为严重,被淹耕地约 1 亿亩,灾民约 4000 万人。大部分中国人的生活维持在最低的生存水平上,而且市场萧条,物价飞涨,失业严重。

败逃到台湾的蒋介石说过一句风凉话:"我把四万万人吃饭问题的包袱,甩给了毛泽东!"

　　幸灾乐祸的西方国家没有一个看好新中国,看好刚刚接管政权的中国共产党人。他们预言"中国共产党解决不了自己的经济问题"。当时的美国国务卿艾奇逊甚至公开说:"在中国,一直到现在,还没有一个政府能够解决老百姓的吃饭问题。"

　　国内的资产阶级同样不看好新中国,声称:"共产党是军事一百分,政治八十分,财经打零分。"

　　1949年3月,中共七届二中全会在河北建屏县西柏坡召开,毛泽东对充满胜利喜悦的共产党人冷静地指出:"我们很快就要在全国胜利了。这个胜利将冲破帝国主义的东方战线,具有伟大的国际意义。夺取这个胜利,已经是不要很久的时间和不要花费很大的气力了;巩固这个胜利,则是需要很久的时间和要花费很大的气力的事情。"为此,毛泽东向全党发出警示:"夺取全国胜利,这只是万里长征走完了第一步。……中国的革命是伟大的,但革命以后的路程更长,工作更伟大,更艰苦。这一点现在就必须向党内讲明白,务必使同志们继续地保持谦虚、谨慎、不骄不躁的作风,务必使同志们继续地保持艰苦奋斗的作风。"

　　面对帝国主义和怀疑论者的轻蔑,毛泽东豪迈地预言:"中国人民将会看见,中国的命运一经操在人民自己的手里,中国就将如太阳升起在东方那样,以自己的辉煌的光焰普照大地,迅速地荡涤反动政府留下来的污泥浊水,治好战争的创伤,建设起一个崭新的强盛的名副其实的人民共和国。"这位具有诗人气质的领袖向全国、全世界宣告:"我们能够学会我们原来不懂的东西。我们不但善于破坏一个旧世界,我们还将善于建设一个新世界。中国人民不但可以不要向帝国主义者讨乞也能活下去,而且还将活得比帝国主义国家要好些。"

新诞生的中华人民共和国，是在经济基础极为薄弱的情况下开展"战后经济恢复工作"的。一穷二白，百废待兴，是当时最真实的写照。战争，时刻在威胁着新中国的安全。国民党在大陆的残余势力仍在负隅顽抗，蒋介石时刻梦想反攻大陆，重返南京；国际上，以美国为首的西方国家拒绝承认新中国，并对中国实行政治孤立、经济封锁和军事包围政策，妄图困死新政权。

年轻的新中国，在共产党的带领下，咬紧牙关，顶风斗浪，迅速医治战争创伤，恢复和发展国民经济，并开始在全国范围内实行土地制度改革，荡涤旧社会的污泥浊水。1950 年 6 月，中央人民政府颁布《中华人民共和国土地改革法》，以指导和规范农村土地改革运动。至 1952 年底，全国除一部分少数民族地区外，土地改革基本完成。农民群众在获得经济和政治的解放之后，迸发出极大的生产积极性，有力地促进了中国农村经济的恢复和发展。

经过几年的不懈努力，新中国的经济、政治和社会各方面都发生了很大变化，中共中央又适时提出了使中国从新民主主义过渡到社会主义的总路线和总任务，到 1956 年，基本完成了对农业、手工业和资本主义工商业进行的社会主义改造。"三大改造"的顺利完成，标志着我国最终消灭了剥削制度和剥削阶级，全面确立了社会主义制度。中国，实现了几千年来最深刻、最伟大的社会变革。

1957 年，我国超额完成"一五"计划各项经济任务。1958 年，工业产值首次超过农业产值。1977 年，国内生产总值达到 1952年的 4.74 倍。至 1978 年，中国用了不到 30 年的时间，便从一个落后的农业国，变成了一个工业体系和国民经济体系较为完备的工业国。中国人民将这个历史时期称为"毛泽东时代"。

毛泽东时代的中国,在中国共产党的领导下,取得了辉煌的成就。即使与当时的德国、日本等后起之秀相比,这个时代也毫不逊色。除了50年代得到苏联有限的援助外,中国没有接受过其他任何外援。直到20世纪70年代末之前,我国一直处于经济自给自足的状况,既无内债,也无外债。

中国完全是在独立自主、自力更生的自我努力中发展起来的。

从工业成就看:1949年,中国是世界上最落后的农业国之一,但是到70年代中期,已成长为世界第六大工业强国。全国工业总产值增长30多倍,其中重工业总产值增长90倍。

从1952年到1976年,尽管经历了"大跃进"和"文革"的波折,工业生产仍以平均每年以超过10%的速度增长。中国从一个完全的农业国变成了一个以工业为主的国家。

1952年,我国城市中的工人阶级有300万人,到70年代止,达到1800万人;农村总劳动力约有3亿人,但其中已有2800万农民变成农村工厂的工人,尽管许多工厂的技术水平还比较简单和原始。

从农业成就来看:我国历史上虽然有过繁华和盛世,却从来没有断过饥饿灾荒。在德国著名哲学家黑格尔的眼里,中国就是一个"灾荒大国"。英国近代生物化学家和科学技术史专家李约瑟也曾指出:中国历来是"三岁一饥,六岁一衰,十二岁一荒"。到了近代,由于连年战乱,外敌入侵,中国人民更是陷入"精华已竭,膏血俱尽,坐而垂毙"的悲惨境地。

1952年至70年代中期,我国农业的净产量的增长速度平均每年为2.5%。联合国粮农组织曾评价说:一个可耕地面积只占世界百分之七的国家,却养活了占全世界百分之二十二的人口,这不仅是中国历史上的奇迹,也是世界史上的奇迹!

就农业而言,与中国最有可比性的是印度。据 1977 年的一个统计,当时中国人均占有耕地比印度少 14%,而人均粮食生产却比印度高出 30%~40%,而且粮食分配也比印度公平得多。

毛泽东时代的中国,进行了大量的农田基本建设,兴建了很多大中型水库,面积接近 40000 平方公里,总容积超过 4000 亿立方米。这些水库(人工湖)在面积上比减少的自然湖面积增加了 2.3 倍,在容积上比减少的自然湖容积增加了 10 倍以上。而且水库的防洪库容可以人为地计划调控,因此在发挥防洪作用方面远远胜过自然湖泊被动的调节作用。仅以 1998 年发生的长江大洪水为例,期间就有 793 座大中型水库参与拦蓄洪峰(其中大部分为毛泽东时代所建),拦蓄洪水 340 亿立方米,远远超过洞庭湖和鄱阳湖曾拥有的极限调蓄能力。如果没有如此众多的大中型水库发挥作用,1998 年大洪水所造成的损失将会要大得多!

社会生活的各个方面也发生了巨大的变化。在旧中国,大部分中国人是文盲。新中国经过几次大规模的扫盲运动后,大部分人都学会了识字。农村基本普及了小学教育,城市基本普及了中等教育。

社会保障体系初步形成。农村实施了最低限度的福利措施,即对最贫困者采取保吃、保穿、保医、保住、保葬(孤儿为保教)的"五保"制度;在城里,只要有一份工作,国家从摇篮到墓地都全给包了下来。一个较为全面的医疗保健体系也初步建立了起来,这在当时的发展中国家中独一无二。中国人的平均寿命有了极大增长:1928 年到 1933 年,中国人的平均寿命只有 34 岁;1949 年为 35 岁;到 20 世纪 70 年代中期达到 65 岁。

　　中国在科技领域取得的巨大进步，更让世界睁大了惊愕的眼睛。

　　在毛泽东时代，我们从生产重型拖拉机、喷气式飞机、铁路机车、万吨巨轮，建造南京长江大桥，飞跃至核武和卫星的制造。1964年，中国第一颗原子弹试验成功;1967年成功爆炸第一颗氢弹;1970年第一颗人造卫星"东方红一号"成功升空。这一个接一个震惊世界的科学探索，打破了美苏等发达国家对核武器的垄断，大大增强了中国的国防实力，对维护世界和平有十分重要的意义。

　　历史证明，正因为毛泽东时代的中国不失时机地迈进了国际"核俱乐部"，并在国际局势极端复杂的情况下，通过巧妙的外交智慧和不懈努力，恢复了在联合国的合法地位，中国才冲破了重重封锁，获得了举足轻重的国际地位。

　　美国学者莫里斯·迈斯纳把毛泽东时代称作"中国工业革命时代"，认为这个时代"为中国现代经济发展奠定了根本的基础，使中国从一个完全的农业国变成了一个以工业为主的国家"，因而是"世界历史上最伟大的现代化时代之一"。

　　面对中国的落后面貌，毛泽东等老一辈无产阶级革命家特别具有一种时不我待的紧迫感。他们知道，要振兴中华，必须"超英赶美"。虽然毛泽东的赶超战略导致了"大跃进"急躁冒进的错误，甚至是"文革"的严重错误，但是毛泽东时代的中国，在政治、经济、交通运输、教育卫生、科技及外交等各个方面取得的令世界瞩目的成就，依然极大地振奋了中国人民的民族精神，为后来的改革开放和社会主义现代化建设打下了坚实的基础。有学者指出：我们应该看到，如果没有毛泽东时代给我们奠定一个比较完善的现代化工业体系和农业体系，就不会有改革开放持续 30 多年的经济腾飞！

中共"十八大"报告做出了这样的结论："以毛泽东为核心的党的第一代中央领导集体带领全党全国各族人民完成了新民主主义革命，进行了社会主义改造，确立了社会主义基本制度，成功实现了中国历史上最深刻最伟大的社会变革，为当代中国一切发展进步奠定了根本政治前提和制度基础。在探索过程中，虽然经历了严重曲折，但党在社会主义建设中取得的独创性理论成果和巨大成就，为新的历史时期开创中国特色社会主义提供了宝贵经验、理论准备、物质基础。"

链接　　　　　毛泽东首提"以经济建设为中心"

1933 年 8 月 12 日，毛泽东在瑞金召开的中央革命根据地南部十七县经济建设大会上所作的报告中强调："在现在的阶段上，经济建设必须是环绕着革命战争这个中心任务的。革命战争是当前的中心任务，经济建设事业是为着它的，是环绕着它的，是服从于它的。那种以为经济建设已经是当前一切任务的中心，而忽视革命战争，离开革命战争去进行经济建设，同样是错误的观点。"在当时革命战争的背景下，这一论断无疑是正确的。与此同时，毛泽东接着又指出："只有在国内战争完结之后，才说得上也才应该说以经济建设为一切任务的中心。"

这可以看成是中国共产党"以经济建设为中心"观点最早的出典。

随着解放战争的不断胜利，新中国即将诞生。1949 年 3 月

5 日至 13 日，中国共产党第七届中央委员会第二次全体会议在河北省建屏县西柏坡村召开。会议确定了党的工作重心必须从农村转向城市，规划了新中国建设的蓝图。毛泽东在这次会议上所作的报告中指出："从一九二七年到现在，我们的工作重点是在乡村，在乡村聚集力量，用乡村包围城市，然后取得城市。采取这样一种工作方式的时期现在已经完结。从现在起，开始了由城市到乡村并由城市领导乡村的时期。党的工作重心由乡村移到了城市。"而城市中的各项工作，"都是围绕着生产建设这一个中心工作并为这个中心工作服务的"。

由此可见，关于经济建设为中心的思想，是毛泽东一以贯之的思想。那种认为毛泽东不讲经济的说法是一种误解。

4. 富起来并强起来

1978 年 12 月 18 日，党的十一届三中全会在北京召开，开始全面纠正"文化大革命"及其以前的"左"倾错误，批判了"两个凡是"的错误方针，果断停止使用"以阶级斗争为纲"的口号，做出了把党和国家工作中心转移到经济建设上来、实行改革开放的历史性决策。这一系列重大决定，使十一届三中全会成为中国共产党和中华人民共和国历史上又一个伟大转折的标志。从此，中国走上建设中国特色社会主义道路。

　　对于中国共产党来说,改革开放是一个全新的事物,没有现成的经验和模式可循,只能"摸着石头过河"。

　　中国的改革首先是在农村突破的。

　　1978 年,安徽发生百年不遇的特大旱灾,受灾农民吃饭成了大问题。11 月 24 日晚上,安徽省凤阳县凤梨公社小岗村,18 位农民来到严立华家低矮残破的茅屋里,召开了一次关系全村命运的秘密会议。这次会议的直接成果是诞生了一份不到百字的包干保证书。用村民的话叫"生死状"。其中最主要的内容有三条:一是分田到户;二是不再伸手向国家要钱要粮;三是如果干部坐牢,社员保证把他们的小孩养活到 18 岁。在会上,队长严俊昌特别强调,"我们分田到户,瞒上不瞒下,不准向任何人透露"。小岗村的农民

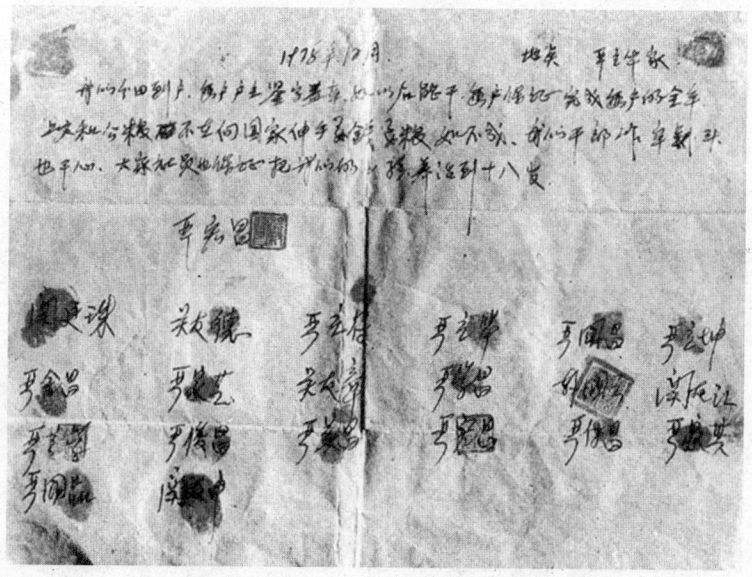

小岗生产队 18 位农民在契约上按下的红指印

怎么也没有想到,这个在当时几乎是"冒天下之大不韪"的举动,竟然是一个勇敢的,甚至是伟大的壮举。那份"生死状",后来被收藏在国家博物馆。

1979年10月,小岗村粮食丰收,打谷场上一片金黄,经合计,总产量达66吨,相当于全队1966年到1970年5年粮食产量的总和。受此启发,安徽和全国一些地区的农民,也开始自发地尝试这种后来叫作"家庭联产承包责任制"的新办法。1980年5月31日,邓小平在一次重要谈话中公开肯定了小岗村"大包干"的积极意义。到1981年底,全国90%的农村普遍采用了这种做法。1982年1月1日,中国共产党历史上第一个关于农村工作的"一号文件"正式出台,明确指出包产到户、包干到户是社会主义集体经济的生产责任制。此后,政府不断稳固和完善家庭联产承包责任制,鼓励农民发展多种经营,使广大农村地区迅速摘掉贫困落后的帽子,逐步走上富裕的道路。

与改革同步,对外开放工作也正式启动。影响深远的一项决策是建立经济特区。十一届三中全会后,党中央、国务院决定把广东、福建两省作为对外开放的试点,允许这两个沿海省份在对外经济活动中实行特殊政策和灵活措施,以加快经济发展。1980年5月,中共中央、国务院正式决定在深圳、珠海、汕头、厦门4个城市首先建立经济特区。在国家大力支持下,深圳等四个经济特区在很短时间里就取得显著成就。一大批中外合资、中外合作和外商独资企业陆续涌现,不仅推动了中国经济的市场化步伐,而且大大增强了中国与世界经济的联系。

20世纪80年代末,中国的改革进入了一个艰难的阶段。长期以来的计划经济和市场经济并存的"双轨制"造成了极大的发展阻力。"计划"与"市场"之争硝烟弥漫。中国的改革开放来到十字路口。

1992年春,邓小平视察南方省区,在谈话中明确指出,"计划经济不等于社会主义,资本主义也有计划;市场经济不等于资本主义,社会主义也有市场"。邓小平南方谈话,解答了人们心中的疑虑和困惑,又一次解放了人们的思想,拨正了中国发展的航向。

1979年底,邓小平在会见国外客人时,用"小康"一词描绘了中国所追求的现代化。他提出用20年的时间实现国内生产总值(GDP)翻两番,总量达到1万亿美元,人均GDP达到800~1000美元,中国人民的生活从"温饱"上升到"小康"水平,进入"小康"社会。1987年,中共十三大提出了实现小康的"三步走战略":第一步目标,1981年到1990年实现国民生产总值比1980年翻一番,解决人民的温饱问题;第二步目标,1991年到二十世纪末国民生产总值再增长一倍,人民生活达到小康水平;第三步目标,到二十一世纪中叶人民生活比较富裕,基本实现现代化,人均国民生产总值达到中等发达国家水平,人民过上比较富裕的生活。

世纪之交,国家统计局发布《中国全面建设小康社会进程统计监测报告》,根据我国提出的小康标准,得出了我国在20世纪末总体上达到了小康水平的结论。在拥有13亿人口的中国,这无疑是一个巨大的历史进步。但是,我们同样清楚地知道,"总体小康"还是一种"低水平的、不全面的、发展很不平衡的小康"。2000年,中共十五届五中全会提出"全面建设小康社会"新目标,并成为2002年十六大报告的主题。

2003年,我国人均国内生产总值首次突破1000美元,经济发展进入了一个新的阶段。为了应对这一阶段作为"黄金发展期"，但同时又是"矛盾凸显期"和"风险高发期"的问题挑战，中国共产党及时提出了"构建社会主义和谐社会"的重大战略任务，明确了社会主义和谐社会的基本特征是"民主法治、公平正义、诚信友爱、充满活力、安定有序、人与自然和谐相处"。

30多年来，中国共产党锐意推行改革，不断求实创新，在新中国成立以后取得的成就的基础上，推动中国特色社会主义各项事业取得举世瞩目的新的伟大成就。

中国实现了两个伟大历史转折。一是实现了从高度集中的计划经济体制到充满活力的社会主义市场经济体制的伟大转折，形成和发展符合当代中国国情、充满生机活力的新的体制机制。二是实现了由封闭走向开放的伟大转折，利用国际国内两个市场、两种资源，大大增强国际竞争力。

综合国力迈上新台阶。从1978年到2010年，国内生产总值由3645亿元增长到39万多亿元，年均实际增长约百分之十，是同期世界经济年均增长率的3倍多，经济总量超过日本成为世界第二大经济体。主要农产品和工业品产量已居世界第一，具有世界先进水平的重大科技创新成果不断涌现，高新技术产业蓬勃发展。

人民生活总体上达到小康水平。改革开放以来的30多年是全国人民收入增长最快、得到实惠最多的时期。从1978年到2010年，全国城镇居民人均可支配收入由343元增加到19109元；农民人均纯收入由134元增加到约5919元；农村贫困人口从2.5亿减少到3597万。城市人均住宅建筑面积和农村人均住房面积成倍增加。群众家庭财产普遍增多，吃穿住行用水平明显提高。改革开放前长期困扰我们的短缺经济状况已经从根本上得到改变。

社会事业和民生事业得到巩固和发展。城乡免费九年义务教育全面实现,高等教育总规模、大中小学在校生数量位居世界第一,办学质量不断提高。就业规模持续扩大,全社会创业活力明显增强。社会保障制度建设加快推进,覆盖城乡居民的社会保障体系初步形成。公共卫生服务体系和基本医疗服务体系不断健全,新型农村合作医疗制度覆盖全国。社会管理不断改进,社会大局保持稳定。社会主义民主政治、文化事业、祖国和平统一大业、军队和国防现代化建设及中国共产党自身建设等方面也都取得了突破性进展。

改革开放30多年取得的巨大成就,可以称得上是人类历史上的又一"奇迹",不仅13亿中国人过上了"小康"生活,也为世界上其他发展中国家提供了可借鉴的发展模式——"中国模式",是中国共产党90多年里为世界做出的巨大贡献。

链接　　　　　　中国的"特区"之路

1909年,在郑观应为挽救国运提出的"习兵战不如习商战"思想影响下,归国华侨伍于政、秀才王诜和澳门华商总会共同动议,打算在香山与澳门之间的香洲设一个免税六十年的"无税商埠"。两广总督张人骏认为这个想法可行,时任广州商务总会协理的郑观应更是鼎力相助,为之奔走呼号。

1909年4月23日,这个中国历史上第一个"经济特区"破土动工了。张人骏为商埠公所亲书挂匾,名为"广东香洲商埠"。因为有"六十年无税"做号召,迅速引来了一大批侨商和华资,一度出现了欣欣向荣的建设景象。

可惜好景不长，宣统皇帝虽然下诏承认香洲为"钦定自由港"，但管理章程始终没有制定出台，"免税"只是一句无法兑现的空话。再加上接替张人骏职务的继任两广总督袁树勋认为香洲局面太小，难与香港竞争，对自由港的有关事务并不热衷，最终导致侨商纷纷撤资。

中国历史上第一个"经济特区"终以失败而告终。

时间过去70年。1978年6月，赴港澳经济考察组提出一个建议：利用宝安（即今深圳）和珠海毗邻香港和澳门的地域特点，把宝安和珠海建成具有相当水平的工农业结合的生产基地和对外加工基地，建成吸引港澳游客的游览区，使其成为新型的边防城市。这实际上是后来建立深圳、珠海经济特区的最早酝酿，也是对外开放实施"两头在外"战略的最初萌芽。

1978年夏天，时任交通部外事局副局长袁庚受命赴香港招商局进行整顿工作。袁庚经近两个月的考察，写出了《关于充分利用香港招商局问题的请示》。经交通部党组讨论同意后，于10月9日上报国务院。这份报告，从一个具有向市场经济转变和发展条件的局部，作出了实行改革开放的大胆尝试，引起李先念等中央领导的高度重视。李先念批示：拟同意这个报告。

1979年1月31日，李先念、谷牧在中南海接见了时任交通部副部长彭德清和袁庚，听取了他们的汇报。李先念说："现在就是要把香港和内陆的优势结合起来，充分利用外资来搞建设。不仅广东这样搞，福建、上海等地都可以这样搞。"他当即批准了报告，并在地图上用红铅笔划了约50平方公里的半个岛屿，给他们创办工业区，说："就给你们这个半岛吧！"袁庚大吃一惊，不敢接手,只要了蛇口9平方公里的不毛之地。有了中央的方针、政策,蛇口工业区很快建成,成为我国利用外资和发展外向型经济的第一块改革开放试验田和窗口,被称为"蛇口模式",为后来兴办特区提供了重要经验。1984年7月,李先念为蛇口工业区题词:"希望之窗"。

1979年1月31日,由广东省和交通部联合上报的《关于我驻香港招商局在广东宝安建立工业区的报告》获中央批准。中国经济特区的发轫地——蛇口工业区由此诞生。

1979年4月,在中央工作会议上,广东省提出在毗邻港澳的深圳、珠海以及属于重要侨乡的汕头各划出一块地方试办贸易合作区,单独进行管理,作为华侨港澳同胞和外商的投资场所的建议,邓小平非常赞同。他说:"就叫特区嘛!陕甘宁就是特区。""中央没有钱,可以给些政策,你们自己去搞,杀出一条血路来!"

1979年7月2日,蛇口工业区炸山填海基础工程正式破土动工。1980年5月16日,中共中央、国务院批转《广东、福建两省会议纪要》,正式将在深圳等地试办的特区定名为"经济特区"。

1980年8月26日,五届全国人大常委会第十五次会议审议并批准建立深圳、珠海、汕头、厦门四个经济特区,同时批准公布了《广东省经济特区条例》。

1984年1月24日—2月10日,邓小平分别视察深圳、珠海、厦门经济特区,并分别给深圳和厦门经济特区题词:"深圳的发展和经验证明,我们建立经济特区的政策是正确的","把经济特区办得更快些更好些"。2月24日,邓小平同中央负责同志谈话,提出可以考虑再开放几个港口城市,实行特区的某些政策。

1984年3月26日,中央书记处和国务院召开沿海部分城市座谈会,这次会议是为了贯彻邓小平提出的实行对外开放政策不是收而是放的意见而召开的。会议决定开放大连、秦皇岛、天津、烟台、青岛、连云港、南通、上海、宁波、温州、福州、广州、湛江、北海14个沿海港口城市。1985年2月,中央又决定在长江三角洲、珠江三角洲和厦漳泉三角地区开辟沿海经济开放区。

链接　　　　　　　邓小平的特殊礼物

1986年9月26日,在中国最大的城市上海,中国第一个证券交易柜台——静安证券业务部正式开张。这是新中国的第一家股票市场。

事实上,在更早的时候,深圳、北京和上海的一些企业已经尝试着向公众出售股票了。广东的幸福音响、北京的天桥百货和上海的飞乐音响相继发售了自己的股票。当然,这只是一些实验性的举措。当时还仅仅是允许现货交易。

到了1986年9月26日,上海开始挂牌正式买卖股票了。不过,在这家证券业务部挂牌交易的股票只有2只,分别是"小飞乐"和"延中实业"。当天成交1500多股,成交额为8万元。

1986年11月14日,邓小平在北京会见了参加中美金融市场研讨会的美国纽约证券交易所董事长范尔霖。在接受客人赠送给他的纽约证券交易所的证章和证券样后,他回赠给客人的礼物是:新中国刚刚上市的第一种股票——一张编号05743面值50元的上海飞乐音响股票。

邓小平对范尔霖说,你目前是飞乐公司唯一的外国股东。邓小平赠送的这张股票,后来一直被收藏在纽约证券交易所的陈列室里。

一家外国媒体发表评论说,邓小平的举动,是中国推行股份制的一个信号。曾被视为资本主义象征并被一度取缔的证券交易场所在深圳和上海建立。现在这两个地方的证券交易数据变化几乎成为中国经济发展的晴雨表。

| 链接 | "三大件"的变迁 |

从物质生活的角度来看,我国老百姓享受消费品的层次不断提高,升级换代也越来越快。

从改革开放之前到上世纪的 80 年代,人们对消费品的追求还停留在百元级的"老三件"上:自行车、手表、缝纫机。

从上世纪 80 年代到 90 年代中期,人们追求的消费品升格为千元级的"新三件":电视机、洗衣机、电冰箱。

从上世纪 90 年代到进入 21 世纪,人们追求的消费品又变成了万元级的"五大件",即大哥大(90 年代中期,1 万~2 万元一部)、电脑、家庭影院(组合件)、小汽车、商品房。

进入 21 世纪至今,人们的消费已不再固定于几大件了。当人们的物质生活需求得到充分满足后,对精神生活的需求也越来越高,消费品亦不局限于某一种特定的产品,而可能是一种活动或一次享受,如文化娱乐、体育健身、休闲旅游、医疗保健等。我国城乡居民消费品档次的不断升级换代,不正是国家富强、民族复兴、人民幸福的折射吗?

5. 老列强的"不安"

刚刚成立的新中国,废除了帝国主义强加在中国头上的不平等条约,再也不是那个可以被帝国列强任意敲打的中国了。

1949 年 6 月, 新政治协商会议筹备会向全世界宣布了新中国外交的基本原则——"打扫干净屋子再请客",以全新的姿态欢迎来自世界四面八方的朋友们。但新中国独立自主的外交政策,从根本上触动了帝国主义在中国的殖民利益,引起了帝国主义国家的刻骨仇恨。惶恐不安的西方国家组成了以美国为首的反华联盟,继续扶持逃往台湾的蒋介石集团,对新中国实行军事包围,并在经济上实行全面禁运政策,妄图把新中国扼杀在摇篮里。

《美国 1949 年出口管制法》规定:"那些有助于增强共产党国家的经济和军事潜力而有损于美国国家安全的出口都予以拒绝。"由此,美国对中国实施"对华贸易管制",禁止向中国出口包括军火、钢铁、车船在内的战略物资。这是美国采取对中国武器禁运政策的开始,也是西方国家对华禁运的滥觞。

1949 年 11 月 22 日,美国又伙同英国、法国等一些国家举行秘密会议, 商量如何遏制包括中国在内的社会主义国家的问题。会后不久,一个不公开的组织——"输出管制统筹委员会"成立,专门负责"对共产党国家出口管制",其总部设在了巴黎,通称"巴黎统筹委员会",简称"巴统"。"巴统"的主要任务,就是限制对社会主义国家输出战略性物资和技术。禁运物资分为四大类:一是军用武器装备;二是尖端技术产品;三是稀有物资;四是"中国禁单"。第四类"中国禁单"是对中国设置的特别贸易禁单,包括的项目比对苏联和东欧国家的禁运项目还要多 500 多种。从"禁单"上可以看出,"巴统"对中国的禁运程度更加严厉。这个组织生存了近半个世纪,直到 1994 年 4 月 1 日才宣布解散。

美国更是"身体力行"。1950 年 12 月,美国对中国实行全面禁运,同时禁止美国人访华;1951 年 5 月 18 日,美国操纵联合国安理会通过决议,对中国、朝鲜实行禁运;10 月 26 日,美国国内通过巴特尔法案,规定凡接受"美援"的国家均不得将战略物资运往中国及社会主义国家,否则即取消美国对它的"援助"。在美国的压力下,至 1953 年 3 月,共有 45 个国家对中国实施"禁运"。

新中国初期的外交关系,只能被限制在苏联和在苏联控制下的东欧国家。然而后来的苏联领导人,承袭了沙皇时代的扩张政策,妄图把中国变为苏联的附庸,最终导致了中苏关系全面破裂。中国在国际上一时陷入全面孤立,不但经济上受到了美国和苏联两大阵营的封锁,而且在国家安全上也受到了美国和苏联两个超级大国严重的军事威胁。美国和苏联不断向中国发出核威胁。抗美援朝期间,美国一度有对中国使用核武器的计划。1969 年,中苏珍宝岛战争期间,苏联也曾计划用核武器彻底解决中国。

生死存亡的危险,让崛起的中国从战略高度认识到核武器的真正意义。1964 年,中国第一颗原子弹的爆炸成功,宣告了美国等西方国家对新中国包围、扼杀政策的失败。新中国显现出来的强大的生命力和创造力,迫使他们重新审视世界形势的变化,开始正视新中国在东方崛起这一不可逆转的事实。

原子弹打开了新中国同西方国家交往的大门。1964年,中国同法国建交;1970年,同加拿大建交;1972年,同英国、德国、希腊、日本先后建交;同年,美国总统尼克松访华,实现了中美关系的正常化。

然而,老列强的"不安"并没有因此解除。

它们先是"唱衰中国",质疑中国的发展模式。

2001年,美国学者在《中国即将崩溃》一书中预测:"中国现行的政治和经济制度最多只能维持5年",因为"中国的经济正在衰退,并开始崩溃,时间会在2008年中国举办奥运会之前"。由此引发了世界范围内的"中国崩溃论"。唱衰的声音此起彼伏。

然而中国没有被"唱衰",更没有发生西方列强期待的"崩溃"。

2007年,一场突如其来的金融危机让世界经济遭受重创。中国经济自然也难独善其身,出口和就业等受到很大影响。中国政府及时采取有效的应对措施,提出并实施了包括4万亿元投资在内的一揽子经济振兴计划,在较短时间内扭转了经济增速下滑的趋势,在世界范围内率先走出了低谷。而且中国也从危机中吸取了教训,开始审视过去发展模式中存在的一些不可持续的弊端,并试图加以改革。2010年,中国发布了"十二五"规划纲要,提出要把"转变经济发展方式"作为经济工作的主线,进一步提出要减少对出口的依赖,扩大内需对经济的带动作用。

这,很出西方国家的"意料"。

其实,中国奇迹不仅仅限于经济领域,还表现在其他领域。从2008年北京奥运会和2010年上海世博会的成功举办,到汶川和玉树地震中国举全国之力高效展开救灾和重建工作,国际社会终于感受到了中国集中力量办大事、办急事的制度优势。

于是,它们不仅"意外",而且很是"惊讶"。

抛出"中国崩溃论"的西方国家,更没有料到十年后的中国会率先走出国际金融危机的阴霾,成为全球第二大经济体和世界第一大商品出口国,数以亿计的民众脱贫过上小康生活,中产阶层规模已相当于甚至超过了大多数国家的人口总量,中国的发展竟然成为世界经济增长的重要动力。

改革开放以来的中国,经济和军事崛起的速度之快与规模之大,几乎让美、欧和中国周边的亚洲国家目不暇接,深感意外,既无法阻止,无法抗拒,又难以适应。美国更是强烈地意识到崛起的中国迎头赶上世界步伐的压力。他们看到中国在一些领域已经超越美国,有可能严重威胁美国的全球利益,挑战美国的世界领导地位,于是"唱衰论"又回弹到老生常谈的"威胁论",调门也随着中国的发展不断升高。

2010 年以来,西方的"中国威胁论"更是花样迭出。

首先是"中国经济威胁论"。西方国家针对中国 GDP 总量超越日本跃居世界第二,中国经济持续高增长并大规模对外投资,以及独占鳌头的外汇储备等成就,指责中国 GDP 的世界排名、人民币汇率与"中国制造"导致了美国乃至新兴大国的贸易逆差,"中国需求"加剧了能源与资源的供不应求,"中国投资"危及东道国的国家安全。种种"罪名"不一而足。美国彼得森国际经济研究所高级研究员萨勃拉曼尼亚撰写的《中国超过美国》一文,荒诞地认为按"购买力平价"计算,2010 年中国经济规模为 14.8 万亿美元,高于美国的 14.6 万亿美元。英国《金融时报》首席经济评论员马丁·沃尔夫公开提出"中国能'和平'崛起吗?"的疑问,认为中国不久将取代美国成为世界第一大经济体,这意味着美国"唯一超级大国"的地位与延续多个世纪的西方主导地位的终结,而权力更替将会引发重大摩擦。

"中国军事威胁论"向来是"中国威胁论"的主攻论调,2010年以来更有了新的杜撰和演绎。五角大楼 2010 年度《中国军力报告》指出,中国正在实施"世界上最积极的陆基弹道导弹和巡航导弹计划";军事理念正从过去侧重保卫国家主权,演变为维护覆盖全球的经济利益;台湾海峡两岸军力对比仍在朝有利于大陆的方向转变。

"中国海权威胁论"也成为新一轮"中国军事威胁论"的重点论调。美国海军作战部部长称中国正在试图构建军力,在台湾周围海域甚至更远的范围阻断进出。美、日甚至联手炒作中国研发新式武器装备。美国推出新的《国家军事战略》,强调海洋、太空及网络等"全球公地自由"受到"崛起大国"威胁;日本则出台新的《防卫计划大纲》,明确以中国为"假想敌",主张强化西南诸岛军力。美、日"合唱"的目的,既在于掣肘中国的军事现代化,也在为自身军事与安全战略转型制造口实。

美日还蓄意制造"中国威胁亚太地区论",反复炒作莫须有的中国"南海核心利益说",极力利用、插手中国和邻国之间的领土与海洋权益争端,在亚太地区搬弄是非、挑拨离间;诬蔑中国"胁迫"邻国,威胁"航行自由",挑战美国的"亚太领导地位",为它的"重返亚太"施放烟幕弹。日本对中国海军穿越西太平洋第一岛链的正常训练大做文章,在钓鱼岛问题上倒打一耙,把自己打扮成"受害者",极力维护它的区域性海洋优势与非法的岛礁权益。

当今世界,互联网已成美国世界霸权的"关键点"和新的"制高点",是施展美国霸权的"神经触角"。美国一方面把自己打扮成所谓"网络自由"的"守护神",企图独占道义高地,另一方面又将网络作为实施对外干涉与颠覆渗透的利器,加速推进网络军事化与实战化,极力维护它的网络安全。美国军方、以"网络自由女神"自居的美国国务卿希拉里等政客和某些互联网高科技公司高管,竟大肆鼓吹"中国网络威胁论",罗织中国大力开发"网络战"技术、组织"黑客"大肆入侵西方重要网站等"罪名",却不料在美国前情报人员斯诺登惊爆的美国窃听丑闻中露了馅。

始于 2013 年 6 月的"棱镜门"事件,一开始尚处于"可控"状态。因为据斯诺登披露的信息,以美国国家安全局(NSA)为主的情报部门主要是监控美国公民的电子邮件、聊天记录、视频及照片等秘密资料,基本属于"国内问题"。几个月后,10 月 24 日《卫报》披露的信息则令美国窃听丑闻发生"质"的变化,引发了国际矛盾。

据披露信息,美国监听的竟然主要是外国政要,包括重量级国家领导人。被监听对象除了美国的敌对国家或关系不睦国家外,还包括一些美国的盟友。美国对国际"游戏规则"的践踏完全达到了肆意的程度。令人纠结的是"贼喊捉贼"的贼,并不以为自己是"贼",反倒要在世界上装扮成"警察"的角色。

"中国威胁论"的叫嚣者,当然是为了遏制和干扰中国的发展,而且也事实上成了中国发展的障碍。

在政治层面,"中国威胁论"引发了周边一些国家对我国的敌意,增加了周边国家对我国的不信任感,阻滞了我国与之开展国际合作的步伐。在军事层面,"中国威胁论"鼓动了地区间的军备竞赛,客观上增加了地区的不稳定性。在经济层面,"中国威胁论"增加了我国同世界其他国家的经济摩擦。在外交层面,"中国威胁论"为某些大国人为地阻遏我国走向世界提供了政治借口,成为西方国家制约我们发展惯用的一张牌。近年来我国海外经济活动中,中国企业收购海外资产的多起商业行为,都因某些国家以危害本国经济安全等借口横加干涉而致流产。

然而,中国素有"忧劳兴国,逸豫亡身"的古训。西方国家遏制中国的力度越大,中国人民抗争的危机意识便越强烈。在"中国威胁论"中成长起来的中国人,逐渐适应了这种机遇与危机并存的生存环境,逐渐培育了自己的大国心态。因此,"中国威胁论"在给我国带来一定程度负面效应的同时,也在一定意义上成为刺激中国发展的外部动力,在客观上强化了中华民族的凝聚力,中国发展的步伐反而大大加快并日益稳健。这种态势,正应了宋代辛弃疾的著名词句——

"青山遮不住,毕竟东流去。"

链接 中国研制核武器的故事

为了打破美苏对中国的经济封锁、军事威胁。新中国下定决心,研制自己的核武器。1951年下半年,法国科学院院长、世界著名科学家、诺贝尔奖获得者约里奥·居里让人传话:"请转告毛泽东同志,你们要反对核武器,自己就应该先拥有核武器。"1956年,毛泽东在最高国务会议上说:"我们还要有原子弹。在今天的世界上,我们要不受人欺负,就不能没有这个东西。"1957年,中国与苏联经过多次谈判协商,10月,两国正式签订了国防新技术协议。该协议明文规定,为援助中国制造原子弹,苏联向中国提供原子弹的教学模型和图纸数据,并派专家来中国帮助研制。1960年7月16日,赫鲁晓夫翻脸不认账,决定撤走在华全部专家。8月23日,在核工业系统工作的200多名苏联专家全部撤回国,并把重要的图纸数据全部带走,停止供应原定的设备。

中央果断决定,自力更生,自己动手搞出原子弹。中央的决定得到了老元帅们的坚决支持。聂荣臻说:"导弹、原子弹是主席总理交代的大事。我向主席和总理保证过,就是搭上我的性命也绝不退缩!"叶剑英说:"我们只有尽快拥有原子弹和导弹,才能早日确定我国在国际上的大国地位,中国人说话才能有分量。我们才能从根本上冲破以美国为首的西方国家对中国实行的封锁制裁以及核威慑。所以,我建议:即使我们卡脖子、少吃几口,也要继续把这个项目拿下来。"陈毅说:"赫鲁晓夫让我们穷得没裤子穿,好啊,那我们就干,就是当了裤子也要把这个原子弹氢弹导弹搞出来。有了这个东西啊,我陈毅这个外交部长的腰杆才能硬得起来。"

在中央和全国人民的坚定支持下,1964年10月16日下午3时,我国西部地区新疆罗布泊上空。中国第一次将原子核裂变的巨大火球和蘑菇云升上了戈壁荒漠,第一颗原子弹爆炸成功了。中国人终于迈进了原子核时代。中国原子弹爆炸的成功,传遍了整个祖国大地,震动了整个国际社会。

原子弹研究期间,正是国家处于经济最困难的时期,中国人勒紧了裤带,把原子弹研制出来。原子弹爆炸的成功,是新中国自力更生、艰苦奋斗、科学务实、团结协作、无私奉献的精神的伟大胜利。中国原子弹爆炸成功,打破了美苏大国的核垄断,打破的美苏对中国的核讹诈和军事威胁,宣告了美苏对中国遏制的全面失败。更重要的是,核武器奠定了中国大国的地位,使中国在国际上挺起了腰杆,增加了中国在世界的发言权。

链接　　　　　　　　"中国威胁论"的发展演变

"中国威胁论"的说法由来已久,不是什么新玩意儿。总体来看,这种论调大致经历了三个发展阶段。

第一阶段是19世纪中期至20世纪中期。西方列强基于殖民主义和帝国主义的需要,开始了最早的"中国威胁论"宣扬。

"中国威胁论"根源于19世纪西方文化帝国主义,是殖民主义和帝国主义的产物。当时,已完成工业革命的英美等国家,在资本逐利的驱使下开始疯狂的海外殖民,同时制造出"西优东劣"的观念为殖民行为辩护。在这个过程中,基于13世纪蒙古人西进欧洲以来形成的"黄祸"历史记忆,有关中国具有一种东方式的"威胁"和"内在的残暴性",是西方表述中国众多主题中颇为显著的一条。

"黄祸"威胁的缘由五花八门,他们或担心中国的强大和综合国力的增强,或恐惧中国人可能的"种族仇恨",或忧虑中国人可能的"觉醒",或担心中国对西方商业上的可能冲击等。对来自中国"黄祸"的恐惧,成为19世纪末20世纪初整个西方世界的一种普遍现象。

第二阶段是20世纪中期至90年代。这一阶段,中华民族历经百年抗争,最终在中国共产党的领导下,推翻了殖民主义、帝国主义的外部压迫,赢得了民族解放与独立并建立起社会主义制度,西方世界基于意识形态方面的考虑,大肆宣扬"中国威胁论"。

当时,以美国为首的西方阵营从冷战需要出发,极端仇视红色政权,对新生政权全力封堵包围。朝鲜战争爆发后几个月,中国人民志愿军参战,并与"联合国军"展开殊死较量。西方世界再次炒作"中国威胁论",大谈中国军事威胁,并认为中国革命胜利会在东南亚引发"多米诺牌效应"。这一时期,西方世界对红色中国进行了疯狂的"妖魔化"宣传,中国被歪曲为大多数西方人心中的"专制、好战的红色恶魔"。

第三阶段是冷战结束后至今。这一阶段,中国在改革开放的伟大历程中,经受住了世界社会主义阵营解体的巨大冲击,并走向发展崛起的道路,在此过程中与外部世界产生了矛盾冲突,西方及周边相关国家基于利益因素,掀起新一轮"中国威胁论"。

进入 20 世纪 90 年代,随着苏东剧变、世界社会主义阵营解体,持续近半个世纪的冷战结束。中国在 1978 年开始改革开放,此后经济高速发展,政治影响力大大上升,军事力量持续增强。面临中国力量不断上升的趋势,以美国为首的西方国家和一些中国的周边国家,不断宣扬"中国威胁论"。

与此相呼应,西方学者发布相关理论,从文明、意识形态等角度进一步论证"中国威胁论"。其中,影响最大的当数美国政治学家亨廷顿的"文明冲突论",认为文明冲突是未来世界和平的最大威胁,伊斯兰文明和儒家文明可能对西方文明提出挑战并引发战争。

另一重要理论就是"民主和平论",认为民主国家之间更不容易发生战争,而中国之类的"专制"国家则制度性地蕴含着更多的战争可能性。这一期间,美、日等国报刊先后发表了多篇"中国威胁论"的文章,如《正在觉醒的巨龙:亚洲真正的威胁来自中国》《即将到来的美中冲突》《鼠年》《红龙跃起》《美国太平洋海洋统治遭遇中国挑战》《论中国这个潜在的威胁》等,大肆渲染"中国威胁论"。

与前两轮"中国威胁论"相比,新一轮"中国威胁论"表现出多元复杂的特征。就其宣扬主体而言,既包括西方国家,又包括周边相关国家。就其实质内容而言,既包括"军事威胁论"、"意识形态威胁论",又包括"经济威胁论"、"文明威胁论"、"生态威胁论"等。

在国际关系中,威胁是一种客观存在。在相互怀有敌意的国家之间,只要一方有一定的力量及意图,就会对另一方产生威胁。因此,某国"威胁论"是国际关系中的一种常态现象。比如在长期相互敌视的阿拉伯世界与以色列之间,针对彼此的"威胁论"可谓根深蒂固。

但纵观全世界,唯有"中国威胁论"20多年来长久不衰,这与中国的崛起发展密切相关。概括地说,"中国威胁论"实质上是西方及周边相关国家,基于自身危机意识,缘于形形色色利益因素,用来制约中国崛起发展的一种政治手段,是冷战时期"零和"思维在新的时代条件下的体现和反映。

6. 青山遮不住

1949 年后的中国步伐,遮不住也挡不住——

新中国成立初期帝国主义对中国的封锁包围,被冲破了。

西方发达国家的"核垄断",被冲破了。

被英国和葡萄牙殖民者霸占的香港和澳门,回归了。

帝国主义国家的"唱衰论",破灭了。

中国,创造了奇迹,面向世界从容地讲述自己的故事。

经济腾飞之后的中国,国力逐渐转化为 GDP 之外的影响力。2006 年中国超过英国,国内生产总值位列世界第四,2009 年超过德国,2010 年超过日本。有专家按照目前的发展速度估算,中国经济将在今后 15 年内取代美国第一的位置。经合组织甚至认为,未来 3 年中国经济就将超越美国。这意味着当奥巴马总统卸任时,继任者将成为二战以来美国首位未能统领地球最强大经济体的总统。2012 年,中国已经击败德、美成为世界最大游客来源国。

经济的腾飞带动的是中国网民人数和汽车市场的规模位居世界之首。而综合国力的提升,必然带来中国在国际舞台上锐不可当的影响力。大量的影响力调查也在说明一个事实,中国崛起的不仅仅是经济。

2012 年 5 月,英国广播公司(BBC)发布了新一年度的"全球最受欢迎国家调查"。据称这是调查范围最广的权威性调查之一，涵盖了 22 个国家的 2.4 万人。调查结果显示，中国位居全球第五大最受欢迎国家。相对于 2011 年，积极态度比例从 46% 上升到 50%，是所有受调查国家中上升幅度最大的国度。

中国强有力的支持者主要来自于第三世界国家。在调查中，尼日利亚人对中国的支持以高达 89% 的支持率位列第一，巴基斯坦和肯尼亚分列第二、第三位。

相比前几年的调查，对中国持积极看法的比例持续走高。2008 年 4 月 2 日，同样是在英国广播公司的一次调查中，来自 34 个国家的民众填写了 17457 份调查问卷，评价中国、英国、法国和印度等 14 个国家和地区的正面或负面世界影响力。对于中国，持正面评价的民众总体比例为 47%，持负面评价的为 32%，在被评价的 14 个国家和地区居中，位列第七。4 年后，对中国持积极看法的比例有了明显的提高。特别值得关注的是，2012 年西方国家对中国的欢迎程度显著提高，在澳大利亚、加拿大、德国、英国和美国，民众对中国的支持率达到了自 2005 年调查以来的最高值。在北美，加拿大人 2011 年还对中国抱有负面的态度（35% 欢迎，49% 消极），而 2012 年态度就有了积极的转化（53% 欢迎，46% 消极）。

即使在美国，民众的态度也发生了快速转变：2011 年只有 36% 的人抱有积极态度，负面态度人群高达 51%；而在 2012 年持欢迎态度的人上升到 42%。在澳大利亚，积极态度的快速转变更令人吃惊，从 2011 年的 43% 转变为 2012 年的 61%。

在欧盟，中国的支持率同样一片走高。与 2011 年相比，英国的支持从 38% 上升到 57%。法国的支持率提升了 12 个百分点,达到了38%。德国支持率为42%,对比2011年,惊人地提升了18个百分点。西班牙出现了12个百分点的增长效果,支持率达到了39%。

负责这项"全球扫描"调查的库尔特指出:"这项调查主要从国家对外政策、传统文化(包括音乐、艺术和美食等方面)、对国民态度和该国的经济(产品和服务)这四个方向进行考量","越来越多的国家看到了中国的进步,这是个好现象"。

调查数字的提高,生动印证了中国的崛起。此外,一个人尽皆知的现象已经发生,国际体系因中国实力的增强而有所变动。西方世界的人们甚至有了这样的猜测——未来可能属于东方。中国的影响力在悄然增大,世界上已经没有哪个国家能够彻底绕开中国,自顾自地讨论全球重大问题,尤其是在中国的周边地区。

2012年6月11日,上海合作组织成员国元首理事会第十次会议在塔什干举行,多国宣布同中国建立战略伙伴关系。美国媒体报道:"中亚各国兴高采烈地满载而归,但也更加依赖中国。"

在西亚,作为世界上最大的能源消费国,中国正在继续确保支持经济增长所需的能源供应,不断扩大对沙特以及其他与西方长期结盟的海湾国家的影响力,最大限度地稳定了与这一地区的关系。

在南太平洋地区,中国的影响力和介入也在扩大,许多国家对中国的经济依赖越来越深。2010年美国对该地区金融援助较5年前增长约1/3,达2亿美元左右。而据澳大利亚智库洛伊国际政策研究所统计,2005年至2009年,中国对太平洋岛国的援助和贷款从2320万美元猛增至6亿美元。

印度也在讨论如何学会与中国打交道并力争同中国并驾齐

驱。印度媒体耐人寻味地说："毫无疑问,中国是机遇,从某些方面来说也是巨大的挑战。我们嫉妒中国,我们也想拥有中国的效率。"

中国日益上升的影响力,像磁场一样吸引了周边的人,从而催生了外界对中国文化和语言的浓烈兴趣。中国已经成为最吸引美国学生留学的目的地之一。30多年前,西方只能识别中国领导人,如今越来越多的姚明之类的中国人成了全球人物。欧美学校开始为本国的孩子提供普通话课程。

2004年11月,韩国首尔率先建立了第一所孔子学院,之后美国、欧盟国家等相继成立了几百家孔子学院。目前,全世界已经建成的孔子学院近400所,其中美国就有近百所之多。

在过去的一个世纪里,英语雄霸世界,成为全球通用最广的语言。今天,汉语虽还不能挑战英语的全球霸主地位,但已经在周边流行起来。据英国广播公司网站报道,英语是新加坡的"官方语言"之一,但英语的主导地位现在正面临汉语的挑战。在其他东南亚国家也出现了类似的动向。

中国在自主创新方面的成就同样令世界瞩目。"中国制造"正在向"中国创造"、"中国设计"转变。2010年,中国向世界知识产权组织申请的国际专利数量位居世界第四。英国财政研究所的研究人员2011年的一项报告称,如果根据当前趋势进行线性预测,到2015年时中国的国际专利申请量可能达到全球第一。

1965年,毛泽东重上井冈山,写下了一首豪迈的诗篇:"可上九天揽月,可下五洋捉鳖,谈笑凯歌还。"在今天来看,毛泽东主席的诗句几乎就是一种十分灵验的"预言","上天"和"下洋"都已经变成了活生生的科学现实。"嫦娥二号"飞上了700万公里的高空,创造了"中国高度";"蛟龙号"成功下潜海底 7062.68 米,创造了"中国深度";"天河一号"每秒运算 2570 万亿次,创造了"中国速度"。

具有"忧患意识"的《华盛顿邮报》对中国的挑战表示了关切："美国决策者对中国研究人员发表的学术论文和申请的专利数量大幅增加感到担心。他们认为,这些论文和专利将在创新领域赋予中国令人望而生畏的竞争优势。"

"下一代更优秀的人口",被认为是中国的真正优势和后劲。中国的顶尖学府正不断地输送更多的知识精英。他们与西方同龄人十分类似,创新能力也更强。哈佛大学研究劳动人口的高级研究员维韦克·瓦德瓦在《华盛顿邮报》上忧心忡忡地说："他们聪明、积极、充满抱负,他们毫不犹豫地打破传统思维模式,毫不犹豫地去冒险和抱有雄心。与他们的父母不同,这一代人有能力创新。这才是我们最需要担心的。"

全球金融危机带来了全球性的经济衰退,却突显了中国特色社会主义的活力和影响力,提高了中国在国际事务中的话语权。中国特色社会主义既突破了传统计划经济的框框,又不盲目照搬西方资本主义的模式,而是将社会主义的基本制度与市场经济的运行方式相结合。在强有力的国有经济支持下,政府对市场进行有效的调控和监管,使中国具备了较强的规避危机与应对危机的能力。

国际金融危机导致新自由主义碰壁,西方主流媒体认为,当前的危机是资本主义在西方兴起并主导世界后遭遇的最大一次挑战,集中暴露了自由资本主义的深层次缺陷,呼吁对 21 世纪的资本主义进行重大改革。美欧日陷入同步衰退,中国经济"一枝独秀",成为全球经济发展中的最大亮点。国际舆论普遍关注中国经济持续回升势头,认为中国政府采取的 4 万亿元人民币经济刺激计划行动快、见效快。美国《新闻周刊》置评,中国是此次危机中"唯一没有出现信贷危机或信任危机的大国",显示了"中国模式"强大的适应性和竞争力。高盛公司称赞中国是在当前危机中"凭借自身政策第一个创造经济转折的重要国家,为世界经济绘制了一种蓝图"。

有舆论认为,在 20 世纪 90 年代 "苏联模式"、"拉美模式"、"东亚模式"相继失败之后,"中国模式"为发展中国家在全球化背景下实现现代化提供了一种真正可行的"替代方案"。美国前助理国防部部长约瑟夫·奈等学者认为,"中国模式" 代表了世界发展模式的未来潮流。如果说欧洲"莱茵模式"和美国"盎格鲁—撒克逊模式"分别在 19 世纪和 20 世纪引领风骚,"中国模式"将主导21 世纪。

发展中国家对"中国模式"关注度日益上升,把中国发展当作自身新机遇。绝大多数非洲人和非洲国家领导人对中国的发展和中非关系充满着期待。国际金融危机爆发以来,非洲"向东看"的主张进一步增多。

拉美国家在经受了 20 世纪 90 年代"拉美模式"的失败之后,日益感受到中国和平崛起的魅力,认为"中国模式"不同于已经失败的"苏东欧模式",也不同于在他们眼前时刻晃悠的西方模式。他们对中国发展模式最感兴趣的是,怎样以本国的人文理念为指导,处理好改革、发展、稳定三者的关系,既维护政权稳定,又实现经济较快速的持续发展。因而拉美很多国家对中国的崛起持欢迎态度,认为这有利于世界多极化,有助于扩大拉美国家谋求独立的发展空间。

中东伊斯兰国家对中国和平发展的成就和国际地位的变化总体持肯定和赞赏的态度,他们普遍希望中国成为国际格局中的一个平衡力量,帮助他们减轻西方的霸权主义和强权政治带来的压力,维护自身的利益和自身社会的稳定与当权者的利益。他们认为,中国不仅是世界工厂、经济大国,更是一个在全球事务中具有重要影响的大国,迫切希望拓宽与中国交往合作的层面,维护自己在政治、安全、文化和意识形态方面的利益,希望中国承担更多的国际责任,发挥更大的作用,帮助中东热点问题的解决能朝着有利于他们的方向发展。

中国,一个崛起的东方大国,沿着她自主选择的路坚定地前行。遮不住,也挡不住!

链接　　　　　　　**挡不住的"中国制造"**

据国际在线消息,美国总统奥巴马于 2013 年当地时间 3 月 29 日在南部港口迈阿密港口发表演说,鼓励私人企业与资本投资美国基建,为当地创造更多的工作机会,更广泛地使用"美国制造"。但是演讲期间,一阵风将奥巴马身后一辆起重机上的美国国旗吹掉,下面竟然露出了带有汉字"ZPMC"(振华重工)的中国品牌商标。

白宫人员在奥巴马演讲前刻意用美国国旗盖住了起重机上的中国商标,但是他们忽略了风的因素。美国国旗被吹掉后,起重机上硕大的中国商标直接进入了直播画面,让在场的美国人十分尴尬。

美国有线电视新闻网称,美国总统奥巴马在过去几个月以来一直鼓励美国民众购买国货,召唤美国海外企业回流本国,以此来推动美国经济。报道嘲讽说:"白宫人员的这次失误,说明他们以后得用一根更结实的绳子来捆绑国旗,掩盖商标。"事后白宫官方发布的照片也避开11号起重机,留下了和谐的12号。

五、追梦的中国

1. 拥抱"中国梦"

百年寻梦,百年追梦。为了一个梦想,一代代中国人求索、奋斗、牺牲、奉献,将汗水和血肉洒满征程。当新世纪的地平线终于显露梦想闪烁的曙光时,一股冲刺的激情便从心底升起,喷薄而出。

于是,"中国梦"作为一个符号,一声"集结号"的旋律,传遍了神州。

2012 年 11 月 29 日上午,国家博物馆《复兴之路》展览大厅里,走来了新当选的中共中央总书记、中央军委主席习近平和中央政治局常委李克强、张德江、俞正声、刘云山、王岐山、张高丽等新一代领导成员。

《复兴之路》的基本陈列，分为"中国沦为半殖民地半封建社会"、"探求救亡图存的道路"、"中国共产党肩负起民族独立人民解放历史重任"、"建设社会主义新中国"、"走中国特色社会主义道路"五个部分，通过1200多件(套)珍贵文物、870多张历史照片，回顾了1840年鸦片战争以来中国人民在屈辱苦难中奋起抗争，为实现民族复兴的探索过程。展览全面回顾了中华民族的昨天，展示了中华民族的今天，昭示了中华民族的明天。

习近平等同志仔细观看展览，认真地倾听工作人员的讲解。一幅幅图片，一张张图表，一件件实物，一段段视频，把人们带回到近代以来跌宕起伏、波澜壮阔的难忘岁月。

参观过程中，习近平总书记发表了重要讲话。在讲话中，他高度而简明地概括了中华民族的昨天、今天和明天：

中华民族的昨天，可以说是"雄关漫道真如铁"。近代以来，中华民族遭受的苦难之重、付出的牺牲之大，在世界历史上都是罕见的。但是，中国人民从不屈服，不断奋起抗争，终于掌握了自己的命运，开始了建设自己国家的伟大进程，充分展示了以爱国主义为核心的伟大民族精神。

中华民族的今天，正可谓"人间正道是沧桑"。改革开放以来，我们总结历史经验，不断艰辛探索，终于找到了实现中华民族伟大复兴的正确道路，取得了举世瞩目的成果。这条道路就是中国特色社会主义。

中华民族的明天，可以说是"长风破浪会有时"。经过鸦片战争以来170多年的持续奋斗，中华民族伟大复兴展现出光明的前景。现在，我们比历史上任何时期都更接近中华民族伟大复兴的目标，比历史上任何时期都更有信心、有能力实现这个目标。

在畅谈民族复兴时,习近平总书记动情地讲述了伟大的"中国梦"。他指出:"每个人都有理想和追求,都有自己的梦想。现在,大家都在讨论中国梦,我以为,实现中华民族伟大复兴,就是中华民族近代以来最伟大的梦想。这个梦想,凝聚了几代中国人的夙愿,体现了中华民族和中国人民的整体利益,是每一个中华儿女的共同期盼。"

习近平将实现中国梦的时间节点,设定在具有特定纪念意义的"两个一百年",并坚定地宣示:"到中国共产党成立100年时,全面建成小康社会的目标一定能实现;到新中国成立100年时,建成富强民主文明和谐的社会主义现代化国家的目标一定能实现,中华民族伟大复兴的梦想一定能实现。"

习近平总书记的讲话,清楚地告诉我们,"中国梦"就是实现中华民族伟大复兴。"中国梦"的基本内涵是实现"国家富强、民族振兴和人民幸福"。这三者相互联系,相辅相成,包含了全面建成小康社会的目标,也包含了建设社会主义现代化国家的目标,而且包括了实现中华民族伟大复兴的大目标。这是党的"十八大"后新一代中央领导集体对全国人民的庄严承诺,是我们党和国家有关中国未来发展的政治号令。

"全面建成小康社会"、"建设社会主义现代化国家"、"实现中华民族伟大复兴","三个目标"勾勒了一个新的"三步走"战略:第一步,到中国共产党成立100年(2021年)的时候,全面建成小康社会;第二步,到新中国成立100周年(2049年)的时候,建成富强、民主、文明、和谐的社会主义现代化国家;第三步,实现中华民族的伟大复兴,把中国建设成一个强盛的中国、文明的中国、和谐的中国、美丽的中国。"强盛中国",就是经济实力和综合国力强,国际地位和国际影响力强，人民生活富裕、生活幸福；"文明中国"，就是具有高度的精神文明、政治文明，中华民族优秀文化和社会主义先进文化得到传承和弘扬，民主、法治更加健全和完善，中国人民的素质好，社会文明程度高；"和谐中国"，就是社会公正、安定有序，团结和谐，同各国人民友好相处，共同发展；"美丽中国"，就是尊重自然、受用自然、保护自然，生态文明环境良好，天蓝地绿水清。这幅美丽动人的画卷，正是中华民族孜孜以求的美好愿望。

"中国梦"的本质属性是"人民之梦"，是在依靠人民、造福人民的实践中实现的伟大梦想。尊重人民群众的历史主体地位，关系到人心向背、政权兴亡这一根本政治问题，是中国共产党先进性的必然体现。

"中国梦"的必由之路，是走中国特色社会主义道路，这是一条被实践证明了的中国发展的正确道路，是中国共产党道路自信、理论自信和制度自信的必然选择。

"中国梦"的伟大情怀，是不仅要造福中国人民，也要有利于世界的文明进步。这种以天下为己任的奉献情怀，"既深深体现了今天中国人的理想，也深深反映了我们先人们不懈奋斗追求进步的光荣传统"，是中国共产党的宗旨和抱负的必然逻辑。

"中国梦"凝聚了几代中国人的夙愿，体现了中华民族和中国人民的整体利益，是每一个中华儿女的共同期盼。生活在一个富强、民主、文明、和谐、美丽的中国，人民充分享有经济、政治、文化、社会、生态等方面的权利，更加富足、平等、自尊、愉快、自由、发展、安全，是13亿中国人的共同理想信念，是一代代中国人的毕生愿望和追求的目标。

　　"中国梦"也是中华民族最深厚的历史情结。从孔子的"天下为公"、"社会大同"思想,到康有为的《大同书》、孙中山的"振兴中华";从毛泽东"中国应当对人类有较大的贡献"、邓小平"为人类做更多的事情",到今天习近平提出的"惠及世界"的中国梦。中华民族"穷则独善其身,达则兼济天下"的文化意识一脉相承。中国梦,是世界和平之梦、人类和谐之梦,是中华民族核心价值理念在当今时代的新发展、新贡献。

　　中国梦,有明确的内涵,有具体的步骤,而且党的"十八大"还提出了最基本的原则要求。这一系列原则要求,在"十八大"报告中被概括为在新的历史条件下夺取中国特色社会主义新胜利的"八个必须坚持"。有学者做出了这样的解读:

　　第一,必须坚持人民主体地位。这是从人民群众是我们的根本依靠力量的角度总结出来的。中国特色社会主义是亿万人民自己的事业。只有坚持发展为了人民、发展依靠人民、发展成果由人民共享,我们党才能始终赢得广大人民的拥护、支持和爱戴。

　　第二,必须坚持解放和发展社会生产力。这是从我们党的根本任务的角度总结出来的。由于我国仍处于并将长期处于社会主义初级阶段,人民日益增长的物质文化需要同落后的社会生产之间的矛盾仍然是主要矛盾,因此,在当代中国,发展仍然是解决我国所有问题的关键。

　　第三,必须坚持推进改革开放,这是从坚持和发展中国特色社会主义的必由之路的角度总结出来的。改革开放是决定当代中国命运的关键抉择。我国过去30多年之所以能够得到快速发展,靠的就是改革开放;我国未来的发展,同样必须坚定不移地依靠改革开放。

第四，必须坚持维护社会公平正义，这是从中国特色社会主义的内在要求的角度总结出来的。公平正义是人类追求美好社会的永恒主题，也是协调社会各阶层关系的基本准则，有助于不断增强中国特色社会主义的凝聚力、向心力和感召力。

第五，必须坚持走共同富裕道路，这是从中国特色社会主义的根本原则的角度总结出来的。实现共同富裕，是社会主义与资本主义的根本区别。能否在经济发展的基础上让全体人民共享改革发展成果，决定着改革开放和中国特色社会主义伟大事业的兴衰成败。

第六，必须坚持促进社会和谐，这是从中国特色社会主义的本质属性的角度总结出来的。构建社会主义和谐社会，努力形成全体人民各尽所能、各得其所而又和谐相处的局面，是经济社会发展的重要保障。

第七，必须坚持和平发展，这是从建设中国特色社会主义的外部条件的角度总结出来的。和平发展是全人类共同追求的目标。在中国特色社会主义建设的伟大征程中，必须坚持开放的发展、合作的发展、共赢的发展，推动建设持久和平、共同繁荣的和谐世界。

第八，必须坚持党的领导，这是从中国共产党是中国特色社会主义的领导核心的角度总结出来的。办好中国的事情，关键在党。要坚持党要管党、从严治党，保持党的先进性和纯洁性，增强党的创造力、凝聚力、战斗力，从而确保我们党始终成为中国特色社会主义事业的坚强领导核心。

"八个必须坚持"基本要求第一次提出，体现了我们党解放思想、实事求是、与时俱进、求真务实的精神品质，是我们党作为执政党不断深化对共产党执政规律、社会主义建设规律、人类社会发展规律的探索中的又一重大理论成果，是在新的历史条件下我们党带领全国人民夺取中国特色社会主义新胜利的行动纲领。

"中国梦"的提出，很快就在全党全军和全国各族人民中产生了强烈的反响，引起了强烈的共鸣。有学者用"源于中国(of China)、属于中国(by China)、为了中国(for China)"三个概念来诠释"中国梦"的内涵。

"源于中国"是有关历史渊源和文化情结的解说。历史上，中华民族曾经以博大精深的中华文明，为人类文明做出了不可磨灭的贡献，成为世界数千年里的文化高地。近代以来，中华民族陷入救亡图存的艰难历程，对世界的贡献远远不及昔日之辉煌，一些民族虚无主义者甚至得出除"四大发明"以外，中国近代对世界的贡献几乎为零的悲观结论。然而，一个有优秀文化基因并在抗争中崛起的民族，必然会成长为推动世界进步的力量。

经历改革开放三十年的伟大实践，中国创造了让世界不得不正眼相看的"中国模式"，成为中国对人类发展的现代贡献。在全球治理中，以"华盛顿共识"为代表的西方自由资本主义模式，给世界带来不可承受之重。摈弃西方政治负面影响，为世界展示更符合本国国情的模式选择，中国为众多的发展中国家提供了案例，而且必将提供更多"源于中国，属于世界"的国际公共产品，去丰富世界发展模式的多样性。因而，世界需要中国梦。

"属于中国"是有关自主意识和个性创造的解说。中国梦是属于中国自己的理想架构。中国不去捡拾其他国家的"梦"，尤其不做"美国梦"，因为美国模式对世界危害大，不可持续，绝不是中国效仿的对象。当今世界的发展态势,最令欧洲担心的是中国会不会成为又一个美国,认为一个美国已经非常麻烦,再来一个,就是更大的麻烦。当中国成为世界第二大经济体后,一些国际人士认定"中国梦"就是赶超美国,夺取美国的霸主地位。此时,中国明确提出"中国梦"的基本内涵,是做好自己的事,就是宣告中国不做"美国梦",不走美国的"道"。

"为了中国"是有关发展目的和民族胸怀的解说。中国不做美国梦,但不排斥美国梦,不排斥欧洲梦、印度梦。中国希望世界各国都能实现各自的梦想,共同创造一个和平、发展与和谐的世界。

梦想是导航的灯塔。当梦想成为一个国家、一个民族的思想意识和坚定信念,就会在广泛的文化认同中生出一种坚韧不拔的意志力和行动力,成为中国人民变革社会、创造未来的强大的精神动力。令人鼓舞的是,实现中华民族的伟大复兴,我们比历史上任何时候都更加接近这一梦想。脚踏实地,一路追赶,我们就可以张开双臂,将绚丽的梦想之果拥入怀抱。

链接　　　　　　　　　**八十年前的征梦活动**

1932年,近代中国最早和最有影响力的综合性杂志《东方杂志》曾面向全国登载了一则"征梦启事"。策划者、主编胡愈之先生为即将到来的1933年的新年设计了两个问题:(1)梦想中的未来中国是怎样的?(2)个人生活中有什么梦想?

《东方杂志》向全国各界知名人士共发出约400封征稿信。胡愈之在征稿信中说:"在这昏黑的年头,莫说东北三千万人民,在帝国主义的枪刺下活受罪,便是我们的整个国家、整个民族也都沦陷在苦海之中。……我们诅咒今日,我们却还有明日。假如白天的现实生活是紧张而闷气的,在这漫长的冬夜里,我们至少还可以做一二个甜蜜的舒适的梦。梦是我们所有的神圣权利啊!"

"征梦"活动共收到160多份答案。1933年元旦出版的《东方杂志》刊出142人的244个"梦想",包括柳亚子、徐悲鸿、郑振铎、巴金、茅盾、俞平伯、郁达夫、张申府、陈翰笙、金仲华、张君劢、邹韬奋、周谷城、宋云彬、李圣五、陶孟和、顾颉刚、章乃器、周作人、杨杏佛、马相伯、林语堂、叶圣陶、俞颂华等大批知识分子的答案。就地域来分,上海78人、南京17人、北平12人、杭州8人、广州4人,其余也全部来自大城市,而且主要集中在沪、宁、杭。就性别来看,男性占138人,女性只有4人;从年龄上看,35岁以上的中年人占最多数,最年长的马相伯先生已94岁高龄。不过,令组织者大为失望的是,应征者为清一色的上层知识分子:在142个梦想者中,知识分子至少有107人,占75%以上,其余的官吏、实业家、银行家也几乎都是精英阶层,而年轻人与农工阶层的征文则欠缺。胡愈之慨叹道,"(他们)应该不至于没有幻想。可是现实对于他们的压迫太大了,整天的体力的疲劳,使他们只能有梦魇,而不能有梦想。即使有一些梦想,他们也绝没有用文字描写的能力和闲暇。这实在可以算是最大的国耻啊!"

应征者中,著名作家巴金与老舍的梦想都较为悲观,而最短的征文来自俞平伯,仅有五个字:"我没有梦想"。值得注意的是,在收到的答案中,"大同世界"所占最多。这从一个侧面反映出,儒家所倡导和向往的以"天下为公"为特征的理想社会,一直为中国人民所梦想和憧憬,也对后世盛行的托古改制思想以及洪秀全、孙中山、康有为等近代进步思想家、社会改革家们产生了深远的影响。只是在旧中国,这种中国独有的梦想难以成为现实。

具有讽刺意义的是,因在征集到的梦想中有针砭时弊的内容,胡愈之不久后竟被免职,由此印证了社会学家陶孟和所说的:"梦想是人类最危险的东西。"

冰心:"我梦见一个没有国界、没有民族、没有阶级区别的大同世界;共同生产、共同消费的社会主义国家。"

柳亚子:"我梦想中的未来世界是一个社会主义的大同世界。"

杨杏佛:"我梦想中的未来中国应当是一个物质与精神并重的大同社会。"

朱自清:"未来的中国是大众的中国,我相信。这不是少数人凭着大众的名字,是真的大众。"

郁达夫:"没有阶级,没有争夺,没有物质上的压迫,人人都没有,而且可以不要'私有财产'。"

张申府:"我理想中的中国是能实现孔子仁的理想,罗素科学的理想与列宁共产主义的理想的。"

叶圣陶:"个个人有饭吃,个个人有工作做;凡所吃的饭绝不是什么人的膏血,凡所做的工作绝不为充塞一个、两个人的大肚皮。"

穆藕初:"政治清明,实业发达,人民可以安居乐业,便是我个人梦想中的未来中国。"

现代作家、文学翻译家施蛰存:"我梦想中的未来中国,是一个太平的国家,富足、强盛。中国人走到外国去不被轻视,外国人走到中国来,让我们敢骂一声'洋鬼子'。"

施蛰存的梦想可不是玩笑,而是深深反映了当时的社会现实。在旧中国,上海的洋人家庭一般出入都坐马车,为了羞辱中国人,马车夫的制服被故意仿制成清朝官员的箭衣,头上还要戴一顶尖顶的缨帽,暗示中国官员只配做他们的马夫。那时,中国人形容洋人是"眼戴脱力克(眼镜的别称),手拿司的克(手杖),口衔茄力克(一种香烟名)",昂首阔步,趾高气扬,动不动挥着"司的克"对中国人乱推乱打;如果回避慢了些,就会赏你"五支雪茄烟"或一条"外国火腿",也就是抡巴掌扇耳光、用脚踢人。中国人只能忍气吞声,更不要说敢当面骂一声"洋鬼子"了。

110多年前,梁启超在《新中国未来记》中,用豪迈的诗句写出了他对于中国未来的期望:"无端忽作太平梦,放眼昆仑绝顶来。"100多年来,不管灾难再深重、危机再深刻,中国人都怀着一个顽强的"中国梦"。尽管梦想的内容各异,但内核却惊人的一致:实现中华民族伟大复兴。

链接　　　　　　　　　　　　领袖的"中国梦"

孙中山先生曾经在演讲中号召"诸君立志",把中国建设成为"世界第一富强之国",希望四万万同胞都有这个志愿。伟大革命先驱的这种梦想,其实就是期望实现中华民族的伟大复兴。孙中山先生为圆梦而进行不懈奋斗,他的奋斗历程和"开放兴国"、"开放赶超"、"创制精神"、"非兵力强盛不能立国"等治国理念,为后人探索伟大中国梦的圆梦之路提供了宝贵借鉴。

1949年,毛泽东宣布占全人类总数四分之一的中国人民从此站起来了。至此,近代以来最伟大的中国梦终于迈出了最坚实的一大步,实现了民族的独立解放。但是,毛泽东的中国梦没有停滞于此。1956年,他在《纪念孙中山先生》一文中正式提出他的"中国梦":完成孙先生没有完成的民主革命之后,要把这个革命发展为社会主义革命。到21世纪的时候,要让中国的面貌发生更大的变化,让中华民族傲然屹立于世界民族之林。毛泽东的中国梦不限于此,还有祖国统一、实现四个现代化的战略设想。他的梦想和实践成为后人探索实现中国梦的宝贵财富。

邓小平的中国梦集中体现在他开创了中国特色社会主义道路,提出建立国际政治和经济新秩序,体现在他追求世界性大作为的战略气魄,体现在他带领党的第二代领导集体将我国经济建设的战略部署规划为"三步走"。邓小平同志的伟大之处在于他不但敢于梦想,更以极大的政治勇气和智慧开创性地探索实现伟大中国梦的中国道路。

以江泽民同志为核心的党的第三代中央领导集体和以胡锦涛同志为总书记的党的第十六、十七届中央领导集体,带领全国人民进一步坚持和发展了中国特色社会主义,为全面建成小康社会打下了坚实基础,确定了"两个百年"的奋斗目标。这就意味着中国现代化的蓝图已经成形,中国梦的构想更加清晰。

可以说,从毛泽东在20世纪60年代、70年代反复强调分"两步走"在20世纪内实现"四个现代化",到邓小平20世纪80年代提出分"三步走"要到21世纪中叶基本实现现代化,再到江泽民、胡锦涛提出"三个代表"重要思想和科学发展观,更加与时俱进、求真务实地推进改革开放,加快社会主义现代化建设,我们的发展目标越来越贴近实际,也越来越明确。全党全国各族人民经过几十年的持续探索,前后"两个三十年"的努力拼搏,终于走出了一条有中国特色的圆梦之路——中国特色社会主义道路。今天,我们已处在全面建成小康社会的决胜时期。

2. 走自己的路

从"现实"到梦想"实现",连接两点间的是"路"。路的正确与否,决定了两点之间距离是"漫长"还是"更加漫长",是"曲折"还是"更加曲折",是"有期"还是"遥遥无期"。

"中国梦"聚焦了世界目光,"中国路"则更加牵动萦结在人们心头的悬念。国人在思考,路在何方?中国将走向何方?国际社会也在观望,中国将走哪条路?不同的国家利益反映了世界对中国梦不同的所喜、所忧与所盼。尤其是在国际社会主义遭受严重挫折的背景下,中国梦与中国路更易带来怀疑主义和颠覆主义的遐想。因此,中国追梦与圆梦的过程,需要激情,也需要清醒;需要信念,也需要智慧;需要动力,也需要定力。

中国梦走什么"路",其实并没有悬念。

习近平总书记明确指出:"实现中国梦必须走中国道路。这就是中国特色社会主义道路。这条道路来之不易,它是在改革开放30多年的伟大实践中走出来的,是在中华人民共和国成立60多年的持续探索中走出来的,是在对近代以来170多年中华民族发展历程的深刻总结中走出来的,是在对中华民族5000多年悠久文明的传承中走出来的,具有深厚的历史渊源和广泛的现实基础。中华民族是具有非凡创造力的民族,我们创造了伟大的中华文明,我们也能够继续拓展和走好适合中国国情的发展道路。全国各族人民一定要增强对中国特色社会主义的理论自信、道路自信、制度自信,坚定不移沿着正确的中国道路奋勇前进。"

其实,没有悬念的结论,却经过了反复的比较选择和深思熟虑。

1949年6月30日,毛泽东在《论人民民主专政》一文中谈到了新中国成立初期中国道路的选择:"十月革命一声炮响,给我们送来了马克思列宁主义。十月革命帮助了全世界的也帮助了中国的先进分子,用无产阶级的宇宙观作为观察国家命运的工具,重新考虑自己的问题。走俄国人的路——这就是结论。"

在当时的历史条件下,"走俄国人的路",不但是中国,也是所有新诞生的社会主义国家无一例外的选择。在社会主义阵营,苏联模式或"斯大林模式",被视为唯一正宗的社会主义建设模式而因循照搬。

新中国成立初,毛泽东在接见来访的苏联客人时开玩笑说:你们是大乌龟,我们是小乌龟,我们只要跟着你们后面爬就是了。

实事求是地说,"斯大林模式"搬过来后,对新中国成立初经济的恢复和发展的确发挥了积极作用,但是到了第一个五年计划后期,它的弊端便开始显露,出现了诸如基本建设规模过大,信贷增长过快,财政收支、物资供求和银行信贷失去平衡等问题,造成财政赤字、市场紧张、物资短缺和群众的不满,有些地方还发生了少数人闹事的现象。这些情况表明,"斯大林模式"并不完全适合中国的国情。于是,毛泽东开始了调查思考,并且第一次提出了改革我国经济管理体制、建立适合国情的社会主义发展模式的任务。

1956年初，毛泽东先后听取了中央工业、运输业、农业、财政等34个部门的工作汇报，经过认真分析研究，于同年4月发表了著名的《论十大关系》。在这篇讲话中，毛泽东几乎在每一个关系上都批评了苏联模式的缺陷，这表明他已经看到了苏联模式的局限性，决定开始探索如何走出一条符合中国国情的社会主义建设道路。探索的路总难免崎岖，因而毛泽东的探索有成功的一面，也有失误的一面。他的成功，留下了宝贵的经验；他的失误，同样留下了教训和启迪。

继毛泽东之后的探路者是邓小平。

1982年，党的"十二大"召开。邓小平在开幕式上的讲话中明确提出："走自己的道路，建设有中国特色的社会主义，这就是我们总结长期历史经验得出的基本结论。"

从"走俄国人的路"到"走自己的道路"，标志着中国共产党对什么是社会主义、什么是社会主义道路有了全新的认识和重大的理论创新。也就是说，我们已经不再认为社会主义只有一个固定不变的模式，而是根据不同的国情应该有不同的模式。

中国，终于走上了一条完全不同于苏联模式的、符合国情的、有中国特色的社会主义道路。

"中国特色社会主义道路"，按照党的"十八大"报告的提法，"就是在中国共产党领导下，立足基本国情，以经济建设为中心，坚持四项基本原则，坚持改革开放，解放和发展社会生产力，建设社会主义市场经济、社会主义民主政治、社会主义先进文化、社会主义和谐社会、社会主义生态文明，促进人的全面发展，逐步实现全体人民共同富裕，建设富强民主文明和谐的社会主义现代化国家"。

中国特色社会主义道路,具体来说,由八个方面构成,即中国特色自主创新道路、中国特色新兴工业化道路、中国特色社会主义信息化道路、中国特色农业现代化道路、中国特色城镇化道路、中国特色政治发展道路、中国特色文化发展道路和中国特色反腐倡廉道路。

这个最新的提法比中共"十七大"报告提到的五个道路多出了三个,增加了文化、信息化和反腐倡廉三大内容。

寻找中国道路,经历了漫长的艰辛历程。因此,习近平总书记强调:"全党同志必须牢记,道路决定命运,找到一条正确的道路多么不容易,我们必须坚定不移走下去。"

改革开放以来,中国发生的翻天覆地的巨大变化,证明了中国特色社会主义道路是一条符合中国国情的正确的发展道路。因此在"十八大"报告中,我们党向国内外、党内外明确昭示:不走"封闭僵化的老路",也不走"改旗易帜的邪路",而是坚定不移地沿着我们自己选定的"中国特色社会主义道路"奋勇前进。

方向和道路相互统一、相互依存、互为结果。方向决定道路、道路决定命运。实现中华民族的伟大复兴,是近代以来中国人民的共同追求。今天我们对实现"中国梦"之所以更加自信,就是因为我们找到了实现"中国梦"的现实道路。1840年以来170多年的发展历程、新中国成立60多年的艰辛探索、改革开放30多年的伟大实践,深刻表明:中国特色社会主义道路,是实现社会主义现代化的必由之路,是创造人民美好生活的必由之路,也是实现中华民族伟大复兴的必由之路。

道路问题是重大的政治问题,是国家政治制度的反映,正如习近平总书记所说，"道路问题是关系党的事业兴衰成败第一位的问题。道路就是党的生命"。

中国特色社会主义，是科学社会主义理论逻辑和中国社会发展历史逻辑的辩证统一，是根植于中国大地、反映中国人民意愿、适应中国和时代发展进步要求的科学社会主义。选择中国发展道路，增强对中国特色社会主义的理论自信、道路自信、制度自信，有主客观条件的必要性和必然性。

我们必须承认，西方世界所讲的"政治"与我们所理解的"政治"存在观念上的差异。西方认为，政治是上层建筑领域中，各利益主体因维护自身利益所进行的特定行为及其由此结成的特定关系。于是政治人物往往就是"政客"。所以面对世界，美国总统奥巴马可以很随意很荒唐地搪塞："美国没有问题，是美国的政治出了问题。"中国的政治认识与之大相径庭。我们对政治的理解源自马克思主义，认为"政治就是参与国家事务，给国家定方向，确定国家活动的形式、任务和内容"。这大大超越了利益集团的狭隘，突出了"最广大人民群众"的立场。在中国，政治、党、国家、人民密不可分，政治的出发点和归宿点都是最广大的人民群众，而不仅仅是某一集团的利益。因此，中国共产党领导中国人民进行社会主义革命、建设和改革，就是现实中最大的政治，选择独立自主的中国道路也是最大的政治。

我们必须看到，西方政党与中国共产党在社会发展贡献上的差异很大。美国首任总统华盛顿说过，美国不需要政党。在很长时间里美国确实没有政党，只是后来大陆会议上因分权与集权之争形成了两派，逐渐演化为今天的民主党和共和党。西方政党关注的首先是自身利益，关注的是竞选。整体意义上的美国人民的利益问题由政府去考虑,各利益集团的利益在议会议员的博弈中实现。而在中国,中国共产党的性质决定了它必须担负为广大人民群众服务并促进国家繁荣和民族强盛的使命。这既是政党的差异,也是国情的差异。

我们还必须看到,当代中国所面对的复杂的国际环境。虽然说世界政治生态已经发生了重大变化,但资本主义演变社会主义的斗争实质却没有变,帝国主义国家倚强凌弱、掠夺世界的习性没有变。为了争夺资源、垄断市场,它们完全可以抛弃所谓的诚信、公平,蓄意制造事端,甚至不惜发动战争。近些年来,西方倚仗它们拥有的绝对的军事实力和文化霸权,疯狂打压它们所认为的"异己"国家,进行颠覆和破坏;美国则更难容忍一个崛起的中国去挑战它的绝对霸权。苏东剧变,就是美国全球战略实施的结果。中国有句成语,叫"殷鉴不远"。如果中国共产党不强化自己的道路自信,西方的文化渗透就会影响和改变中国发展道路,朝西方所期待的方向滑落。

客观地说,以"三权分立"和市场调节等为特征的资本主义道路,也是建立在资产阶级革命成果基础之上,相对于封建社会是进步的,因而属于人类文明的结晶。同时,资本主义在发展过程中也借鉴了人类创造的其他文明成果。古典自由主义把政府视作"守夜人"、"敲钟人",完全靠市场这只"看不见的手"自发调节,但后来发现这只手并不能包治百病,于是后来有了"罗斯福新政",出现了政府干预的自由主义,到20世纪70年代,又产生了新自由主义。可见西方也一直在寻找适合自己发展的道路,并且借鉴了社会主义的优秀成果,把马克思尊为伟大的思想家。习近平幽默地说:"鞋子合不合脚,穿着才知道。""最好的"未必是"最适应的"，"最适应的"才有可能并至少是"比较好的"。

中国道路是由深厚的历史渊源和广泛的现实基础决定的。近代以来170多年中华民族救亡、建国、富裕、强盛起来的发展历程和伟大成就，是走中国特色社会主义道路的结果，而不是走资本主义道路所致。这是被历史证明了的事实。

历史还鲜活地证实，中国道路具有较强的抵抗风险的能力。在近十年里，中国的经济发展之路并不平坦，国内灾害频仍，国际金融危机和欧洲债务危机持续蔓延，但我们依靠中国特色社会主义制度的优势，在世界上第一个走出国际金融危机，人均GDP步入"中上等收入"国家行列；中国不仅用不足世界10%的耕地养活了世界近20%的人口，而且实现了人民生活从贫困到温饱再到总体小康的历史性跨越。让我们再放眼看看世界的情形：长达5年的国际金融危机仍在延续，欧美日三大经济体仍然处在各种经济危机的阴影之中。欧盟的经济增长率几乎为零或负，正经历第一个"失去十年"；美国拖而不决的财政悬崖又转化为联邦政府开支自动削减，就连白宫都认为这等于是"直接扼杀经济增长和就业"；日本患上了典型的"日本病"，正在经历第三个"失去十年"。

金融危机实际上是制度危机，更是道路危机。西方世界的"无可奈何"，恰恰给中国提供了反面证据。

拥有道路自信的中国共产党决不会放弃自己的道路优势，因为放弃道路意味着放弃未来，意味着"民族自尽"。诚然，我们强调中国特色社会主义道路是唯一可选择的道路，并不是说这条道路已经完美无缺，中国道路还需要在实践中进一步探索和完善。实践，唯有实践才是检验真理的唯一标准。

　　中华民族是一个具有非凡创造力的民族。我们既然能够创造出伟大的中华文明，同样也能够继续拓展和走好中国特色社会主义这条适合中国国情的正确的发展道路。

　　走自己的路，追赶属于自己的梦想——中国没有犹豫，中国不会犹豫。

链接　　　　　　走资本主义道路并不是苏联人民的选择

　　1990 年前后，美国等西方国家的多家调查机构在苏联进行了多次民意调查，发现希望坚持社会主义的人高达 80%，愿意实行资本主义的人只占 5%~20%。

　　1991 年 5 月，即苏联剧变前夕，美国一家调查机构在苏联进行的民意调查结果显示：17% 的人赞成实行"美国式的市场经济"（即资本主义），83% 的人持反对态度。

　　1991 年 6 月，美国一家社会调查机构对苏联全国数达 10 万的掌握高层权力的党政要员进行调查，结果是：认为应该实行资本主义的竟占 76.7%，愿意坚持社会主义的只占 9.6%。这说明，苏联剧变绝不是"人民的选择"。苏联发生剧变时，全国人口约 2.8 亿，按照 83% 的比例算，全国愿意走社会主义道路的人数为 1.9 亿；而由掌权的党政要员构成的号称 10 万人的"精英集团"，如果按照 76.7% 的比例来算，全国愿意走资本主义道路的人也只有 7.6 万人。可就是这区区 7.6 万人却强奸了 1.9 亿人的民意，硬是把国家推上了资本主义道路！

链接 **邓小平说"只有社会主义才能救中国"**

"只有社会主义才能救中国,只有社会主义才能发展中国。"这是邓小平的名言之一。他曾明确地指出资本主义不能救中国,"国民党搞了二十几年,中国还是半殖民地半封建社会,证明资本主义道路在中国是不能成功的。"他还认为三民主义也不能救中国,"蒋经国提出用'三民主义'统一中国,这现实吗?你那个'三民主义'在中国搞了22年,1927年到1949年,中国搞成了什么样子?"他不无自豪地说:"'中国人站起来了',是什么时候站起来的?是1949年。使中国人站起来的,不是蒋介石,而是共产党,是社会主义。"

3. 精神之光照征途

有一种力量,可以激发你在黑暗中上下求索;有一种力量,可以鼓舞你在失败时不言放弃;有一种力量,可以推动你在行进中永葆锐气。这种力量,就是"精神的力量"。

俄国画家列宾有一句名言:"没有原则的人是无用之人,没有精神的人是空虚的废物。"

英国大文豪赫胥黎说:"充满着欢乐与斗争精神的人们,永远带着欢乐,欢迎雷霆与阳光。"

孔子曰:"士不可以不弘毅,任重而道远。仁以为己任,不亦重乎?死而后已,不亦远乎?"

在人类社会的发展历程中,精神是一个民族自立于世界民族之林的重要力量。中华民族是一个勤劳、勇敢、智慧的民族,具有注重精神世界的修炼和砥砺的文化传统。我们的先人很早就从皇天后土中得到启示,提出了"天行健,君子以自强不息""地势坤,君子以厚德载物"的格言,很早就形成了"大一统"的哲学思维传统以及相应的国家观念,孕育了源远流长、博大精深的以爱国主义为核心的民族精神。正是凭着这种精神,中华民族创造和不断发展了灿烂的文化。在人类文明的星空和长河里,众多文明如流星陨落,如昙花一现,如季节河一样枯涸在岁月的沙漠里,而唯独中华文化始终薪火相传、绵延不绝,如月之升,如日之恒。正是凭着这种精神,中华民族以共同经历的非凡奋斗,开拓了世界东方的这片热土,不断创造和建设了自己的美好家园。在漫长的民族融合和共同发展的进程中,这片土地上虽然也上演过许多烽烟战火,数度分分合合,但主体上始终维持了统一的多民族国家的格局。大中华的观念、以维护和实现国家统一富强为己任的观念、"天下兴亡、匹夫有责"的观念,像基因一样植入了每个中国人的心中。也正是凭着这种精神,在近代中国内忧外患、山河破碎、生灵涂炭的情况下,那个伟大的中国梦才在冻土下萌生,在暗夜中点亮,救亡图存的运动、革故鼎新的呐喊像世纪的潮汐激荡不已、奔涌不息。中华民族纵然饱经沧桑,历尽磨难,千回百转而终获新生,崛起于世界的东方。

习近平总书记指出:"实现中国梦必须弘扬中国精神。这就是以爱国主义为核心的民族精神,以改革创新为核心的时代精神。

这种精神是凝心聚力的兴国之魂、强国之魄。爱国主义始终是把中华民族坚强团结在一起的精神力量,改革创新始终是鞭策我们在改革开放中与时俱进的精神力量。全国各族人民一定要弘扬伟大的民族精神和时代精神,不断增强团结一心的精神纽带、自强不息的精神动力,永远朝气蓬勃迈向未来。"

中国共产党的成立标志着中华民族的伟大觉醒,也标志着中华民族思想上的一次大解放,精神上的一次大焕发。中国共产党人把马克思主义作为改变国家命运的武器并使之中国化,从而给民族精神注入了新的科学元素。正是中国共产党人把无产阶级的历史使命与中国梦统一起来,才使中国人民迸发出求独立、谋解放、奔富强、改天换地的巨大力量。在中国共产党的领导下,中国人民不仅骄傲地站立了起来,而且以民族复兴、自力更生的坚强决心,以艰苦奋斗、愚公移山的革命精神,打下了中国特色社会主义事业的千秋基业,展示了崭新的精神风貌。

在革命战争年代,为了人民的利益,无数革命先烈面对敌人的屠刀,大义凛然,从容就义。他们是这种精神的化身。

李大钊,中国共产党的创始人之一。1927 年 4 月 28 日下午,他在敌人的绞刑架下做了最后一次演说:"不能因为你们绞死了我,就绞死了共产主义。……我深信,共产主义在世界、在中国,必然要得到光荣的胜利!"

杨超,中共江西德安县委书记。1927 年 12 月 27 日,面对敌人的枪口,他高声吟诵这样的绝句:"满天风雪满天愁,革命何须怕断头。留得子胥豪气在,三年归报楚王仇!"

陈铁军,年仅 24 岁的中共两广区委妇女委员。1928 年 2 月 6 日下午,她与年仅 23 岁的中共广州市委工委书记兼工人赤卫队总指挥周文雍在刑场举行了一个特殊的婚礼。她庄严宣告："当我们就要把自己的青春和生命献给党的时候，我们要举行婚礼了。让反动派的枪声，来作为我们结婚的礼炮吧！"

夏明翰，中共湖北省委委员。1928 年 2 月 9 日清晨，他在临刑前挥笔写下了气壮山河的就义诗："砍头不要紧，只要主义真。杀了夏明翰，还有后来人！"

刘伯坚，赣南军区政治部主任。1935 年 3 月 11 日，因在突围中弹尽粮绝负伤被俘，英勇就义。他气宇轩昂，坦然信步，"戴镣长街行，志气愈轩昂，拼作阶下囚，工农齐解放！"

方志敏，红军北上抗日先遣队军政委员会主席。1935 年 1 月 24 日在作战时因叛徒出卖被捕。两个国民党士兵从他"上身摸到下身，从袄领捏到袜底，除了一只时表和一支自来水笔之外，一个铜板都没有搜出"。

赵一曼，东北抗联第三军第二团政委。中弹被俘后拒不投降，于 1936 年 8 月 2 日被敌杀害。这位抗日女英雄以自己光辉的一生，实践了她的誓言："白山黑水除敌寇，笑看旌旗红似花。"

杨靖宇，东北抗联第一路军总指挥。1940 年 2 月 23 日在长白山的密林里英勇牺牲后，日寇将其腹剖开，发现"胃里连粒饭都没有"，只有草根、树皮和棉絮！

刘胡兰，一位年仅 15 岁的女共产党员。1947 年 1 月 12 日，她面不改色地躺在敌人的铡刀下，以自己的热血和生命谱写了"生的伟大，死的光荣"的光辉篇章。

董存瑞，东北野战军第十一纵队某部六连班长。在一次战斗中他舍身炸碉堡，用自己不满 20 岁的年轻生命，为部队开辟了通往胜利的道路。

江竹筠，人们所熟知的"江姐"。面对敌人的各种酷刑，她宁死不屈，被难友誉为中华儿女的革命典型。1949 年 11 月 14 日，她带着对新中国的向往，倒在了敌人血腥的枪口下。

无数革命先烈以英勇顽强、前仆后继的精神，向反动势力的顽固堡垒发起一次次猛烈的冲击，终于打出了新中国的第一缕曙光。他们用生命的赤诚演绎了中国共产党伟大的革命精神。

据张学良晚年回忆，他当年和红军作战招致失败，曾同部下讨论"为什么打不过共产党？"他问自己的将领，谁能在缺衣少食、敌人围追堵截中把这样的队伍带出来，而且依旧保持着高昂的士气和强悍的战斗力？这要在国民党队伍里，还不早把人带跑光了？

张学良非常佩服红军二万五千里长征。他说："几万里长征，（红军士兵）被包围，没有吃的，那么苦哇，可是他（们）还在一块，被打散了，他（们）还回来。当然了，他们的领导是共产党……那是共产党成功了。红军经过二万五千里长途疲惫，还能击败东北军，是值得深思的。"由此他认为：红军为什么打不散？为什么散了还会回来？主要是共产党、红军信仰他们的主义，甚至每一个兵，都信仰他们的主义。国民党打不过共产党的原因，就是没有中心思想。虽然国民党一直高唱信仰三民主义，也向它的党员采取各种方法灌输，但是"所谓信仰是从内心发出来的，属于自个儿的……信仰不是旁人给你加上的"。只靠硬性灌输是不能使党员树立起信仰的。"那三民主义，真正的三民主义到底是怎么回事？我可以说多数人不知道。"

蒋介石其实也不是一个糊涂人。1948 年 1 月，他在一次内部高级将领会议上严厉训斥他的军事将领和政府官吏。他深恶痛绝军官对属下士兵的不闻不问，"部队里不仅做不到同吃、同穿、同住",而且"将领们还要侵吞军饷"。蒋介石深有感触地说:"共军干部对于这些点,倒可以说是完全做到了。他们官兵之间,只有职务上的区别,而没有生活上的悬殊。"蒋介石痛心疾首地指出:"老实说,古今中外,任何革命党都没有我们今天这样颓唐和腐败,也没有像我们今天这样的没有精神,没有纪律,更没有是非标准。这样的党,早就应该被消灭、被淘汰了!"

蒋介石看到了共产党的精神并切身感受到了这种精神强劲的冲击力。

新中国成立以来,在中国共产党人的队伍中,又涌现出不少全心全意为人民服务、诚心诚意为人民谋利益的先进楷模。他们是民族精神和时代精神的伟大践行者。

孟泰,一位普普通通的工人。他十几年如一日,把有生之年完全献给了祖国的钢铁事业,以高度的主人翁精神,高尚的自我牺牲品格,为恢复鞍钢生产,建设社会主义新鞍钢做出了突出贡献,被誉为共和国英雄的第一代劳动模范,为我们留下了"艰苦奋斗、勤俭建国、忠于职守、爱岗敬业"的"孟泰精神"。

雷锋,一位普普通通的战士。他把为人民服务视为自己最大的幸福,以全心全意为人民服务、无私奉献的奉献精神,甘当革命的"螺丝钉"、干一行爱一行钻一行的爱岗敬业的"钉子"精神,刻苦学习和钻研理论的"螺丝钉"精神以及勤俭节约、艰苦奋斗的精神,向人民真诚地诠释了伟大寓于平凡的深刻道理。

王进喜,一名普普通通的石油工人。他以"宁肯少活二十年,拼命也要拿下大油田"的英雄气概和"有条件要上,没有条件创造条件也要上"的英雄壮举,给我们留下了艰苦奋斗、自力更生、奋发图强的"铁人精神"。

焦裕禄，一名普普通通的县委书记。他把为人民服务视为自己最崇高的职责，以清正廉洁、无私奉献、鞠躬尽瘁、死而后已的感人精神，让人民真切地感受到了为人民服务的真谛。他留下的"焦裕禄精神"，集中体现了立党为公，执政为民；求真务实，开拓创新；艰苦奋斗，自强不息；严于律己，无私奉献的时代特征。

孔繁森，一名服从安排、两次进藏的地委书记。他以全心全意为人民服务的精神和一颗赤诚之心，让藏汉人民看到了一个人民公仆的光辉形象，赢得了"大干部"、"活菩萨"的崇高赞誉。

郑培民，一名倒在工作岗位上的省委副书记。他以一心为民、鞠躬尽瘁，求真务实、清正廉洁的一生，实现了自己"做官先做人，万事民为先"的诺言，给我们留下了心系群众、为民谋利；求真务实、艰苦奋斗；坚定信念、清正廉洁；恪尽职守、鞠躬尽瘁的崇高精神。

罗阳，一名为实现"强军梦"而殉职的专家型领导。作为中航工业沈阳飞机工业(集团)有限公司董事长、总经理和歼-15研制现场行政总指挥，他于2012年11月18日登上我国第一艘航空母舰辽宁舰，参加舰载机起降试验训练。25日中午，辽宁舰海试完成后他与全舰官兵拥抱告别，走下航母后感觉身体不适，在送往医院途中发生大面积心肌梗死，经抢救无效去世，年仅51岁。

我们敬爱的周总理直到临终时刻，胸前仍佩戴着一枚写着"为人民服务"五个金字的徽章。他以自己全心全意为人民服务的光辉一生，为中国人民乃至全人类树立起一座完美人格的精神丰碑！

弘扬中国精神，就是弘扬中华民族以爱国主义为核心的民族精神和以改革创新为核心的时代精神，是实现中国梦的题中之意。民族的复兴从本原上说是文化的复兴，而文化的内核是核心价值观，是基于核心价值观所形成的民族精神。近代中国的衰落，与封建主义、帝国主义对中国人民的精神禁锢、精神奴役直接相关。中华民族的伟大复兴必然伴随着民族精神上的大解放、大振奋、大焕发。只有大力弘扬中国精神，才能更好地构建和培育社会主义核心价值观，才能推进中国特色社会主义文化的大发展大繁荣，才能从根本上改变漫长的封建社会和近代以来帝国主义的侵略所造成的民气民风上的某些愚昧落后、保守封闭的精神状态，才能使中华民族更加骄傲、更加自信、更加昂扬地屹立于世界民族之林。

弘扬中国精神，是进一步凝聚和团结全国人民为实现中国梦共同奋斗的现实需要。在实现中国梦的漫漫征程上，我们已经取得了伟大的成就，但完成"两个一百年"的奋斗目标依然任重而道远。国际敌对势力不愿看到一个强大的社会主义中国的崛起，处心积虑地遏制中国的发展，加紧对我国实施"西化"、"分化"的图谋。我国正处在经济转轨和社会转型的加速期，思想观念和价值取向日趋多元、多样、多变。站在新的起点上，凝聚亿万人民的意志和力量向着梦圆的目标冲刺，离不开伟大的中国精神，尤其是爱国主义精神。"家是最小国，国是千万家。"一句我们熟知的歌词，唱出了中国人家与国的观念。爱国主义始终是指引亿万中国人民前进方向、昭示亿万中华儿女价值归属的旗帜。愈接近梦想成真，愈需要我们凝心聚力。爱国主义可以让我们冲破思想差异的樊篱，超越具体利益关系的羁绊，找到最大的价值认同，将个人力量的涓涓细流汇聚成民族复兴的磅礴巨浪。

弘扬中国精神，是进一步动员和激励全党全国人民为实现中国梦而攻坚克难的紧迫要求。改革开放是决定当代中国命运的关键抉择，是发展中国特色社会主义、实现中国梦的必由之路。我们已经取得的成就靠改革开放，解决目前存在的矛盾和问题的出路也在于深化改革开放。当前,中国的改革开放已经进入攻坚期、深水区,攻坚克难,破礁除障,同样离不开中国精神,尤其是改革创新精神。改革创新是时代的主旋律,是当代中华民族精神风貌的集中体现。面对日益凸显的发展瓶颈、深层次矛盾问题,我们只有发扬"逢山开路、遇河架桥"的改革创新精神,迎难而上,才能闯过激流险滩,驶向潮平岸阔。

民无魂不立,国无魂不强。

弘扬中国精神必须大力繁荣和发展社会主义先进文化。弘扬中国精神,首先要高扬先进文化的旗帜,坚持马克思主义的指导地位,坚持不懈地用中国特色社会主义理论体系武装全党、教育人民。把社会主义核心价值体系建设作为首要任务,融入国民教育、精神文明建设和党的建设全过程,贯穿改革开放和社会主义现代化建设各领域,体现到精神产品创作、生产、传播各方面。坚持社会主义先进文化的前进方向,继承和发扬我们民族优秀的精神文化传统,借鉴和吸收人类一切有益的精神文化成果,建设具有鲜明中国特色、体现时代发展要求的先进文化,在满足人民日益增长的文化需求的同时,提升人民的精神境界,强化人民的精神力量。深入开展爱国主义、集体主义、社会主义教育,深入开展改革开放、开拓创新教育,并综合运用思想教育、舆论引导、文化熏陶、典型示范、实践养成、制度保障等方法途径,积极倡导和培育社会主义核心价值观,使中国精神不断深入人心、发扬光大。

弘扬中国精神必须植根于亿万人民"寻梦"、"追梦"的火热实践。中国精神体现在每个人勤奋敬业的工作岗位上,体现在为个人梦、国家梦的奋斗追求中。只有在实践的沃土上才能培植中国精神,在实干的热流中才能弘扬中国精神。要坚持一切为了人民、一切依靠人民,充分发挥人民群众建设幸福生活、开拓美好未来的积极性和创造性,努力为每一个人放飞梦想提供广阔空间,为每一个人实现梦想创造充分机会,引导人们把小家和大家、实现个人梦与实现中国梦有机统一起来。要结合深化改革开放的实践,引导人民进一步解放思想,破除一切保守、僵化、故步自封的观念,树立与时代相适应的思想观念。要善于发现、大力宣扬践行中国精神的先进典型,运用生动的素材、榜样的力量鼓舞和激励人民。发扬我们民族脚踏实地、埋头苦干、艰苦奋斗的宝贵品格,重实干、鼓实劲、求实效,使中国精神在力行力为中绽放美丽光辉。

弘扬中国精神必须充分发挥共产党员特别是领导干部的表率作用。中国共产党是中国工人阶级的先锋队,是中国人民和中华民族的先锋队,因而也是当代中国精神最热忱的倡导者和最忠实的践行者。毛泽东同志在谈到夺取中国革命胜利时强调:"首先要使先锋队觉悟。"今天,我们要凝聚和带领亿万人民实现中国梦,同样要首先使"先锋队觉悟"起来。共产党员和领导干部必须做践行和弘扬中国精神的模范,坚定中国特色社会主义的理想信念,以报效国家、服务人民为最高价值追求,始终保持艰苦奋斗的政治本色、奋发有为的精神状态、开拓创新的革命精神、求真务实的优良作风,以自身的模范行动影响和带动全民族实现自己的梦想。

我们所取得的一切伟大成就,都是全党全国各族人民团结奋斗的结果,彰显了以爱国主义为核心的民族精神和以改革创新为核心的时代精神。实现中国梦任重道远,需要继续弘扬中国精神来增强团结、鼓舞斗志。当前,我国发展仍处于可以大有作为的重要战略机遇期,同时又面临着前所未有的风险挑战,国际形势复杂多变,国内改革发展稳定的任务十分繁重艰巨,改革进入攻坚期和深水区,不确定和不稳定因素增多。"人心齐,泰山移。"只要我们不自乱阵脚,万众一心、众志成城、埋头苦干,那么,世界上就没有任何力量、任何风险挑战能够阻挡13亿中国人民奋然前进的步伐。13亿双手共同托举中国梦,梦想必定成真。

链接 **中国共产党革命精神的演变**

中国共产党人的革命精神,是中国共产党人世界观、人生观和价值观的集中体现,是在长期的革命斗争中,在血与火的洗礼中逐渐形成、发展和完善的。在新民主主义革命时期,中国共产党人的革命精神具有明显的阶段性、地域性和事件性,不同历史时期有着不同的表现形式。

在大革命时期,主要有安源精神、二七精神、黄埔精神和"铁军"精神;在土地革命战争时期,主要有八一精神、井冈山精神、苏区精神和长征精神;在抗日战争时期,主要有延安精神,并具体表现为毫不利己、专门利人的精神,为人民服务的精神,南泥湾精神和"愚公移山"精神;在解放战争时期,有代表解放区的西柏坡精神和代表敌占区的红岩精神。

新中国成立后,党的历史方位发生了根本变化,以爱国主义为核心的民族精神、以改革创新为核心的时代精神为特征的中国共产党人的革命精神获得了前所未有的发展空间。与新中国成立前主要呈现纵向的阶段性、地域性、事件性特征不同的是,在新中国成立后的中国共产党人的革命精神如同绚丽多姿的精神之花竞相开放,争奇斗艳,呈现出横向的多样性的特征。归纳起来,大体可以分为五种类型:

以地域为特征,最具代表性的有:北大荒精神,大庆精神,大寨精神,红旗渠精神等;

以群体为特征,最具代表性的有:南京路上好八连精神,硬骨头六连精神,女排拼搏精神等;

以个体为特征,最具代表性的有:孟泰精神,铁人精神,雷锋精神,焦裕禄精神,周恩来精神,孔繁森精神等;

以特殊事件为特征,最具代表性的有:抗美援朝精神,九八抗洪精神,载人航天精神,抗"非典"精神等;

以思想观念为特征,最具代表性的有:穷棒子精神,一不怕苦、二不怕死精神,劳模精神等。

链接　　　　　民族正气的史诗——"两弹一星"精神

1999年9月19日,江泽民同志在中共中央表彰"两弹一星"突出贡献科技专家大会上讲话指出:伟大的事业,产生伟大的精神。在为"两弹一星"事业进行奋斗中,广大研制工作者培育和发扬了一种崇高的精神,这就是"热爱祖国、无私奉献,自力更生、艰苦奋斗,大力协同、勇于攀登"的"两弹一星"精神。

"两弹一星"精神,是爱国主义、集体主义、社会主义和科学精神的集中体现,在我国科学史上谱写了一曲豪迈的民族正气歌!

每一项事业的成功,都带有它历史的烙印。

"两弹一星"的研制成功是自力更生的结果。当时,不仅帝国主义封锁我们,连一些社会主义国家也和我们断绝了交往。为此,我们只有自己另起炉灶,自力更生。当时的中国领导人毛泽东、周恩来等人意识到,新中国要在世界民族之林有一席之地,就必须反对核战争、打破核垄断,维护世界和平。1958 年 5 月 17 日,苏联发射人造地球卫星成功后仅仅半年,毛泽东就提出:"我们也要搞人造卫星。"

"两弹一星"的研制者们高举爱国主义的旗帜,怀着强烈的报国之志,自觉把个人的理想与祖国的命运紧紧联系在一起,把个人的志向与民族的振兴紧紧联系在一起。许多功成名就、才华横溢的科学家放弃国外优厚的条件, 义无反顾地回到祖国。自 1950—1957 年,约有 3000 名留学生回国。其中有李四光、吴自良、朱光亚、王希季、赵忠尧、钱学森、邓稼先、程开甲、黄昆、杨承宗、杨澄中、谢希德、唐敖庆、徐光宪、吴文俊、郭永怀、张文裕、林兰英、师昌绪、杨家墀、陈能宽等。有些科学家回归的路途遥远而曲折。1949 年 10 月,著名的地质学家李四光从英国辗转瑞士、意大利,于 1950 年 5 月回国。赵忠尧回国时曾被无理监禁 2 个多月。钱学森排除美国当局的种种干扰,在被无理滞留 5 年之后才回到祖国。

在 1999 年表彰的 23 名"两弹一星功勋科学家"中,王大珩、王希季、朱光亚、孙家栋、任新民、吴自良、陈芳允、陈能宽、杨嘉墀、周光召、钱学森、屠守锷、黄纬禄、程开甲、彭桓武、王淦昌、邓稼先、赵九章、姚桐斌、钱骥、钱三强、郭永怀都是先后从国外返回的,只有于敏一人是"土生土长"的科学家。

1957 年底, 有人问从英国归国的彭桓武院士"为什么回国?"他说:"你这个问题问得不对,你应该问那些不愿回国的人:'你为什么不回国?'回国不需要理由,不回国才需要理由。"

"两弹一星"的创造者们有着强烈的爱国主义精神。他们中的许多人都在国外学有所成,拥有优越的科研和生活条件。但是为了投身于新中国的建设事业,他们冲破重重障碍和阻力,毅然回到祖国。几十年中,他们为了祖国和人民的最高利益,默默无闻,艰苦奋斗,以其惊人的智慧和高昂的爱国主义精神创造着人间奇迹。"中华民族不欺侮别人,也绝不受别人欺侮",是他们的坚定信念。爱国主义是他们创造、开拓的动力,也是他们克服一切困难的精神支柱!

"两弹一星"的创造者们有着强烈的艰苦奋斗、无私奉献的精神。正是有了这样的精神,"两弹一星"的创造者们不怕狂风飞沙,不惧严寒酷暑,没有条件,创造条件;没有仪器,自己制造;缺少资料,刻苦钻研。就是这样,他们以惊人的毅力和速度从无到有、从小到大,创造出"两弹一星"的惊人业绩。

"两弹一星"的创造者们有着强烈的勇于探索、勇于创新的精神。在"两弹一星"的研制过程中,我们看到了高水平的技术跨越。从原子弹到氢弹,我们仅用了两年零八个月的时间,比美国、苏联、法国所用的时间要短得多。在导弹和卫星的研制中所采用的新技术、新材料、新工艺、新方案,在许多方面跨越了传统的技术阶段。完全可以无愧地说,"两弹一星"是中国人民创造活力的产物!

在我国第一个导弹、卫星综合试验及发射基地——酒泉发射中心,在位于基地十号区东北 4 公里处,有一个占地 3 万平方米的"东风革命烈士陵园"。在这里,长眠着二十基地、工程兵 7169部队、空二基地等 630 多位将帅士兵及其家属。在他们当中,有开国元勋、我国导弹及原子弹和航天事业的主要奠基人聂荣臻元帅,有基地第一任司令员、老红军孙继先中将,有众多的高级工程师和科技工作者, 以及许多默默无闻的科研人员和他们的家属。

他们对中国航天事业的无私奉献,将永垂史册!

"两弹一星"精神,是爱国主义、集体主义、社会主义精神和科学精神活生生的体现,是中国人民在 20 世纪为中华民族创造的新的宝贵精神财富。

4. 众手浇开幸福花

"众人拾柴火焰高",一句俗语道出了力量凝聚的伟力。

"众手浇开幸福花",一句歌词唱出了团结协作的真谛。

人人有梦。每个梦想都值得嘉许,值得期待。中华民族复兴的梦想,万众瞩目,凝聚了几代人的夙愿,无数人的期盼。中国梦,既是对百年来中华民族奋斗目标的概括,也是当下中国人对自己未来愿望的表达。梁启超抒发过自己对于中国未来的向往,也清醒地提出过"一国的实力和地位要靠一国的人民合力创造才能够得到"。"中国梦"是民族复兴之梦,也是每个个体的自我实现之梦。

习近平总书记指出:"实现中国梦必须凝聚中国力量。这就是中国各族人民大团结的力量。中国梦是民族的梦,也是每个中国人的梦。只要我们紧密团结,万众一心,为实现共同梦想而奋斗,实现梦想的力量就无比强大,我们每个人为实现自己梦想的努力就拥有广阔的空间。生活在我们伟大祖国和伟大时代的中国人民,共同享有人生出彩的机会,共同享有梦想成真的机会,共同享有同祖国和时代一起成长与进步的机会。有梦想,有机会,有奋斗,一切美好的东西都能够创造出来。全国各族人民一定要牢记使命,心往一处想,劲往一处使,用 13 亿人的智慧和力量汇集起不可战胜的磅礴力量。"

中国共产党 1921 年诞生之时,只有 53 名党员,用了短短 28 年时间,就领导全国人民夺取了政权,成为执政党,成为现在拥有 8000 多万党员的世界第一大政党。中国共产党的领导地位,是历史的选择、人民的选择。

其实,中国共产党的"被选择",恰恰取决于自己的"选择"。

中国共产党的正确选择体现在关键的两个方面:一是正确选择了马克思列宁主义作为党的指导思想,二是正确选择了党所依靠的力量——工农大众。

回顾中国近代史,我们不难看到一个个这样的事例与结局:林则徐虎门销烟、抗击英军,主要依靠的是道光皇帝,一旦靠山动摇,就落了个革职流放、充军伊犁的下场;太平天国依靠的是拜上帝会和农民,最终还是走向了失败;康有为、梁启超主张变法维新,依靠的是光绪皇帝,结果戊戌变法只持续了 103 天,就在慈禧太后的弹指间宣告流产;孙中山先生主张三民主义,依靠的是华侨、会党、知识分子、小军阀,虽然推翻了清王朝,但也招致多次失败,最终革命的果实被袁世凯窃取;蒋介石依靠的是大地主大资产阶级、军队以及中统和军统两大特务组织,靠血腥镇压来维持个人独裁,最终还是逃脱不了逃离大陆、败走台湾的命运。

中国共产党把马列主义作为自己的理论基础,认识到工人阶级是最先进、最革命的阶级,是先进生产力的代表阶级,因而中国共产党从成立伊始,就以代表中国先进生产力的工人阶级作为自己的阶级基础。

中国共产党成立仅一个月，就在上海成立了领导工人运动的专门机关——"中国劳动组合书记部"，其后又在北京、武汉、长沙等地成立了分部，以便加强全国各大城市工人运动的联系、协调和统一行动。但当时的中国工人数量只有 200 万左右，仅指望占全国人口 0.5%的工人阶级去孤军奋战，在反动势力占绝对优势的城市里罢工、暴动、夺取政权，显然是不现实的。

大革命失败后，以毛泽东同志为代表的一批中国共产党人根据中国国情，毅然决然地实现了从"以城市为中心"到"以乡村为中心"的战略转移，促成工农联盟，依靠广大农民走"以农村包围城市"的新道路，很快取得了中国革命的胜利。

1925 年 12 月 1 日，毛泽东同志发表了著名的《中国社会各阶级的分析》。这篇重要论著回答了中国革命提出的许多重大问题，辨明了中国革命的敌人、朋友和依靠力量，具有经典指导意义。

文章中，毛泽东运用马克思主义的阶级分析方法，将中国社会各阶级分为地主阶级和买办阶级、民族资产阶级、小资产阶级、半无产阶级、无产阶级五大类别。对无产阶级的状况，毛泽东做出了这样的分析："现代工业无产阶级约二百万人……人数虽不多，却是中国新的生产力的代表者，是近代中国最进步的阶级，做了革命运动的领导力量。"工业无产阶级之所以能够成为革命运动的领导力量，第一个原因是集中，"无论哪种人都不如他们的集中"。第二个原因是经济地位低下，"他们失了生产手段，剩下两手，绝了发财的望，又受着帝国主义、军阀、资产阶级的极残酷的待遇，所以他们特别能战斗"。

对于农村无产阶级，毛主席的认识是："所谓农村无产阶级，是指长工、月工、零工等雇农而言。此等雇农不仅无土地，无农具，又无丝毫资金，只得营工度日。其劳动时间之长，工资之少，待遇之薄，职业之不安定，超过其他工人。此种人在乡村中是最感困难者，在农民运动中和贫农处于同一紧要的地位。"

毛泽东认为中国存在数量不小的游民无产者，他们是"失了土地的农民和失了工作机会的手工业工人。他们是人类生活中最不安定者。……这一批人很能勇敢奋斗，但有破坏性，如引导得法，可以变成一种革命力量"。

毛泽东最后得出结论："一切勾结帝国主义的军阀、官僚、买办阶级、大地主阶级以及附属于他们的一部分反动知识界，是我们的敌人。工业无产阶级是我们革命的领导力量。一切半无产阶级、小资产阶级，是我们最接近的朋友。那动摇不定的中产阶级，其右翼可能是我们的敌人，其左翼可能是我们的朋友——但我们要时常提防他们，不要让他们扰乱了我们的阵线。"

后来，毛泽东把这篇文章作为开卷篇收入《毛泽东选集》，并亲自写了一个题注："此文是反对当时党内存在着的两种倾向而写的，当时党内的第一种倾向，以陈独秀为代表，只注意同国民党合作，忘记了农民，这是右倾机会主义。第二种倾向，以张国焘为代表，只注意工人运动，同样忘记了农民，这是'左'倾会主义。这两种机会主义都感觉自己力量不足，而不知道到何处去寻找力量，到何处去取得广大的同盟军。"

中国共产党的一大优势是具有极强的组织能力。历史上，只有共产党把一盘散沙状的农民真正地组织了起来，并形成一整套基层组织体系。政治组织有工会、农会、参议会、抗敌协会等；军事组织有工农暴动队、赤卫队、民兵、自卫队等；经济组织有耕田队、生产合作社等;文化组织有农民夜校、工农剧社、扫盲班、秧歌队等;此外还有妇女与儿童的专门组织,如妇女解放协会、妇女抗日救国会、儿童团、少先队等。

古今中外,没有一个政党建立过如此细密、灵活而有效的组织体系和基层组织。正是依靠各级各类基层组织,中国共产党形成了具有统一意志、统一行动、统一纪律的具有坚强战斗力的有机整体。

共产党有严密的组织制度和民主集中制,有高度自觉的铁的纪律,这是党战胜各种困难,永远保持战斗力的组织保证。1945年5月,刘少奇同志在党的七大关于修改党章的报告中首次提出,"党的基层组织应该是一个个战斗堡垒"。

张学良曾跟蒋介石发生一次有趣的辩论,断言蒋介石消灭不了共产党。蒋介石问为什么?张学良说了一句非常形象的话:"因为我们背后的老百姓,没有他们背后的老百姓多。"

张学良举了两个他亲身经历的例子。有一次,他们看到一个老太婆坐在房门口缝鞋子,门旁立着一根竹竿,竹竿上用一根绳子拴着。这个老太婆就是红军的情报员,她把绳子一拉,竹竿倒下,就是通报国民党军队来了。

还有一次,"我们的军队在那驻扎,一个小孩,十五六岁的小孩跑来玩儿,一边玩儿,一边他把我们的军队都数了,有多少炮,大概有多少兵,他都给你数了,然后,他跑去向共产党报告"。

张学良感叹说,打了那么多的仗,最不值得的是和红军打仗。他晚年一回想起"剿共"战争,就感到伤心。"那所谓'剿匪',真让人伤心啊。'剿匪'的军队都实行坚壁清野,这可不是胡说八道。我是在后头,前头的军队呀,我也出去视察了,我一看伤心透了,那房子都给人家烧了,坚壁清野呀!""事实用不着烧房子,为什么烧?因为烧了,军队可以占便宜,可以把好东西都拿走啊。""所以我反对内战,那内战真是没有人性啊。连我到前线去都没有地方睡觉,房子都被烧了。"最后"逼得老百姓都当共产党了,跟共产党一块儿和我们斗争。那杂牌军没有军饷咱不说,正规军也是一样,连烧带抢啊。老百姓被逼得没办法了,只好投奔共产党,和我们对打,我承认,这是官逼民反!"这一切,在张学良看来,"那是自己找的。不是国民党把大陆丢了,是大陆人民不要国民党啦"。

中国共产党就是靠老百姓的力量赶走蒋介石的。

陈毅在 1951 年 2 月 11 日会见苏联驻华大使尤金时特别说到,五百万支前民工,遍地都是运粮食、运弹药、抬伤员的群众,这才是我们真正的优势。"淮海战役是怎样胜利的?是人民群众用小车推出来的。"

1960 年,英国元帅蒙哥马利访问中国后感叹:"毛泽东的哲学非常简单,就是人民起决定作用。"

其实,这个"简单"很"不简单"。

革命战争年代所表现出来的"中国力量",在新中国成立后的岁月里,也曾多次表现出来。我们仅从 2008 年 5 月四川汶川 8.0 级特大地震救援事例中可见一斑。

震后仅 18 分钟,解放军应急预案紧急启动,国家同时启动了最高级别应急预案。总书记在第一时间发出了"尽快抢救伤员,保证灾区人民生命安全"的重要指示。大约两小时后,国务院总理、抗震救灾总指挥部总指挥温家宝飞赴灾区一线亲临指挥。紧急抽调的解放军和武警官兵十多万大军争分夺秒、昼夜兼程,向灾区挺进;医疗人员、中外专业搜救队伍、各种志愿者队伍以及大量救灾物资,从全国各地涌向灾区;全国人民纷纷捐款捐物献血,向灾区人民奉献爱心……

从5月12日14时28分地震爆发到5月18日12时,军队和武警共出动救灾人员113080人,救灾飞机1069架次,救灾军列92列;全军在救灾过程中动用大型运输车、吊车、冲锋舟等各型装备11万台(件),派出医疗队、防疫队等115支,调运各类物资7.8吨;从废墟中救出被埋人员21566人,救治伤员34051人,转移安置灾民205370人,抢修道路557公里。

中国力量震动了国际媒体。俄新社报道说:"我们知道,一个总理能在两小时就飞赴灾区的国家,一个能够出动十万救援人员的国家,一个企业和私人捐款达到数百亿的国家,一个因争相献血、志愿抢救伤员而造成交通堵塞的国家,永远不会被打垮。"

从1998年抗洪到2013年4月的雅安芦山抗震,一次次大灾之后中国力量的大集结、大演示,一再证明中国共产党是中国人民的主心骨,是战胜一切艰难险阻的坚强领导核心;也一再见证了一个国家举国携手、握指成拳的巨大力量!

实现中国梦必须凝聚中国力量。这是历史的结论,也是现实的需要。

实现中国梦,关键在党,关键在发挥中国共产党作为核心力量的作用。坚持党的领导,是用中国梦凝聚我们的智慧和力量的前提。追求梦想,离不开正确的方向;团结奋斗,更需要引领的力量。在一个人口比欧盟、美国、日本、俄罗斯加起来还要多的国家,进行一场广泛深刻的工业、技术、社会变革,让13亿人民走向国家富强、民族复兴、人民幸福之路,这是人类历史上空前宏伟的计划,要使这一计划变为现实,必须有一个坚强的领导核心,这就是伟大的中国共产党。

中国共产党代表全体人民利益和未来希望,具有崇高威望和巨大感召力,只有在中国共产党的领导下,才能统一思想,统一意志,同心同德,群策群力;只有在中国共产党的领导下,才能求同存异,凝聚共识,排除干扰,攻坚克难;只有在中国共产党的领导下,才能聚合实现中国梦的所有正能量,汇集全民族的集体智慧,驾驭"中国号"巨轮,乘风破浪,驶向人民幸福的港湾。

中国力量,就是中国各族人民大团结的力量。人民群众是人类历史活动的主体,是历史发展和社会变革的决定性力量。中国特色社会主义是亿万人民自己的事业,必须紧紧依靠人民群众来实现。

人民是国家的主人,是实现中国梦的主体力量,也是实现中国梦的直接受益者。因此,中国梦归根到底是人民的梦,与每个中国人的个人梦想和切身利益紧密相连。把握中国梦,就是把握自己的命运。作为人民的一员,我们每个人都是中国梦的追梦者、圆梦者,要把个人梦与国家梦、民族梦、人民梦,把个人利益与国家利益、民族利益、人民利益有机统一起来。改革开放初期,"为中华崛起而发奋读书",成为大学校园的最强音,影响了一代代莘莘学子。在这种信念的激励下,无数青春在建设祖国的事业中焕发出绚丽光彩,以个人的成长进步见证并推动了民族的发展进步,以个人命运的变化印证并助推了祖国的沧桑巨变。将个人梦融入中国梦,实现个人梦想的空间会更大、机会会更多,人生会更精彩。集腋成裘,聚沙成塔。无数个人梦叠加得越高,距离中国梦的实现也就越近。

生活在这个伟大时代,亲身参与、经历民族复兴的伟业,为共同梦想而奋斗，是我们每个人的光荣，更是一种崇高使命和历史责任。

5. 扬起自信的风帆

"自信"是一种意志，一种气度。有自信，才会有底气，有定力；有自信，才会有理想，有方向。自信，克服犹豫和摇摆；自信，赋予执着和坚毅。

习近平总书记有关中国梦的讲话，曾两度使用"我坚信"这样的肯定句式。

第一次出现在 2012 年 12 月参观《复兴之路》展览时的讲话："我坚信，到中国共产党成立 100 年时全面建成小康社会的目标一定能实现，到新中国成立 100 年时建成富强民主文明和谐的社会主义现代化国家的目标一定能实现，中华民族伟大复兴的梦想一定能实现。"

第二次出现在 2013 年 5 月 4 日同各界优秀青年代表座谈时的讲话："我坚信，在党的领导下，只要全国各族人民紧密团结，脚踏实地、开拓进取，到本世纪中叶，我们必将建成富强民主文明和谐的社会主义现代化国家，我国广大青年必将同全国各族人民一道共同见证、共同享有中国梦的实现！"

对实现中国梦的这种坚定自信，源于 90 多年来中国共产党带领人民对中国特色社会主义的成功探索,源于在中国特色社会主义旗帜下所高度凝聚的亿万民心。历史经验和现实国情证明:实现中国梦的关键,就是必须要坚定中国特色社会主义的道路自信、理论自信和制度自信。更加自觉、毫不动摇地坚持和发展中国特色社会主义。"十八大"报告特别强调了这"三大自信"。

"**道路自信**",是实现中国梦的正确途径,体现了既不走"老路",也不走"邪路"的自主意识和尊重实践的科学精神。习近平总书记多次强调:道路问题是关系党的事业兴衰成败第一位的问题,道路就是党的生命。中国特色社会主义道路,历尽"千磨万击",得来十分不易。

在改革开放30多年一以贯之的接力探索中确定的这条道路究竟正确在哪里?为什么必须坚定不移地走下去?为什么不能用别的道路来取代?最根本的原因在于,这条道路能够回答并且已经回答了事关中国前途和命运的六个核心问题:一是目标指引——为建设富强民主文明和谐的社会主义现代化国家而奋斗;二是总体布局——建设社会主义市场经济、民主政治、先进文化、和谐社会、生态文明"五位一体"的中国特色社会主义事业;三是动力支持——坚持改革开放,解放和发展社会生产力;四是人文依托——促进人的全面发展,逐步实现全体人民共同富裕;五是立足点——立足社会主义初级阶段的基本国情;六是领导力量——中国共产党。

实践表明,中国特色社会主义道路,是实现社会主义现代化的必由之路,是创造人民美好生活的幸福之路,也是实现中华民族伟大复兴百年梦想的正确之路。特别是改革开放以来,连续30余年的经济高速增长,中国经济总量跃居世界第二的不争事实,不仅让中国人民坚定了这条道路,也让世界领略了东方神韵。《欧华联合时报》评价说:"中国人民从上百年的屈辱、牺牲、奋斗的历史中找到和选择了一条正确的光明大道。"

中国人从切身的感悟中深深体会到,只有中国特色社会主义道路才能发展中国,这是历史的结论,人民的选择。马克思说过,理论在一个国家的实现程度,总是决定于理论满足这个国家的需要程度。因此,我们在实现中国梦的伟大实践中,应该倍加珍惜、更加自觉地坚持中国特色社会主义的道路,不为任何风险所惧,不为任何干扰所惑。

"理论自信",是实现中国梦的行动指南,体现了既不"僵化",也不"西化"的客观意识和理性主义精神。中国特色社会主义理论体系既揭示了世界社会主义 500 年的发展规律,也彰显了中华民族 5000 年的历史特色。是马克思主义基本原理同中国具体实际和时代特征相结合的伟大产物,是马克思主义中国化的最新成果,是马克思主义中国化的第二次历史性飞跃。这一理论体现了马克思主义的理论特色、实践特色、时代特色和民族特色的高度统一。它把人类社会高远美好的理想目标,同中国社会的现实国情和中国人民的现实利益、现实愿望和现实需求紧密结合起来,具有更加适用,更加管用,更为大众认同的实践价值。

理论自信,源于理论的成熟性和合目的性。在 1840—1949 年这第一个百年里,中国面临的主要问题是建立民主国家。以毛泽东为代表的共产党人自觉肩负起时代重任,把马克思主义基本原理与中国实际相结合,创立了毛泽东思想并用以指导中国革命,最终圆了中国人民的"建国梦"。在 1949—2049 年这第二个百年里,中国共产党的历史重任是带领全国人民实现民富国强的中国梦。实现这个伟大梦想,同样需要当代共产党人把马克思主义基本原理与中国国情紧密结合起来,不断推进理论创新并用以指导实践。以 20 世纪 70 年代末的改革开放为主要开端,我们党先后创立了邓小平理论、"三个代表"重要思想、科学发展观,把马克思主义不断推向新境界。改革开放的实践检验了这些理论的正确性,并且在改革开放和全球化浪潮的磨砺下臻于成熟,形成了党的"十八大"报告科学定位的"中国特色社会主义理论体系"。

实践和经验告诉我们,在当代中国,只有中国特色社会主义理论体系,能够指导中华民族复兴的伟大事业,而没有可以替代的其他理论。

"制度自信",是实现中国梦根本的政治保障,体现了既坚持各族人民共同意志,又坚持人民群众根本利益的全局意识和公平精神。

习近平总书记在十八届中共中央政治局第一次集体学习时强调:"中国特色社会主义制度,坚持把根本政治制度、基本政治制度同基本经济制度以及各方面体制机制等具体制度有机结合起来,坚持把国家层面的民主制度同基层民主制度有机结合起来,坚持把党的领导、人民当家做主、依法治国有机结合起来,符合我国国情,集中体现了中国特色社会主义的特点和优势,是中国发展进步的根本制度保障。"

中国特色社会主义制度,就是人民代表大会制度的根本政治制度,中国共产党领导的多党合作和政治协商制度、民族区域自治制度以及基层群众自治制度等基本政治制度,中国特色社会主义法律体系,公有制为主体、多种所有制经济共同发展的基本经济制度,以及建立在这些制度基础上的经济体制、政治体制、文化体制、社会体制等各项具体制度。在30多年改革开放的实践中，中国特色社会主义制度体系经历过多重风险考验，始终保持了中国特色社会主义的旺盛生命力和良好的经济发展局面。坚定不移地沿着中国特色社会主义制度方向前进，是回首近代以来民族历史、展望未来实现民族复兴得出的坚定结论，是改革开放以来全党全国各族人民达成的共识。这些都是对中国特色社会主义高度自信的制度根基所在。

制度自信，源于制度的合理性和合国情性。一种制度是否科学，取决于三个要素：历史选择、人民选择和功能释放。中国特色社会主义制度，既不是主观性的制度预设，也不是移植性的政治设计，更不是拿来式的照搬照套。它发端于革命、成长于建设、成熟于改革、根植于人民、依托于国情。在一个人口多、底子薄、欠发达、不平衡、多民族的发展中大国里，要实现全民共同富裕和实现现代化，可能还没有比这种制度更合适的设计。

中国特色社会主义制度，集中体现了效率与公平相兼顾、民主与集中相结合、活力与秩序相统一、人的全面发展与社会文明进步相促进等特点和优势。正是我国在实践中坚持了这一社会制度，人民群众的主人翁精神和积极性、主动性、创造性得到了充分调动与发挥，我国的社会发展与繁荣才获得持久的活力并有了坚实的根基。实践有力地证明，只有坚持和完善中国特色社会主义制度，才能维护民族团结、社会稳定、国家统一，才能为夺取中国特色社会主义新胜利提供根本保障。

历史和现实一再表明，理论、道路、制度决定大国兴衰。国内外颠覆势力的一切努力就是"使人们失去对社会主义制度的信心，使我们党放弃社会主义制度"。可见，对中国特色社会主义理论自信、道路自信、制度自信的"三大自信"，是我们党准确把握世界大势的高度理论自觉，是应对各种错误思潮、避免"苏联悲剧"的根本防线。

当今时代，经济全球化、政治多极化、文化多元化愈演愈烈，文化霸权与主流话语权争夺异常激烈，国际上一些反马克思主义思潮伴随着经贸往来传到我国和其他国家。国内改革发展进入攻坚期，经济体制深刻变革，社会格局深刻变动，利益格局深刻调整，思想观念深刻变化，各种思想文化"毒草"也死灰复燃，沉渣泛起，与西方各种反马克思主义思潮交相呼应，试图从指导思想上左右中国现代化的正确方向。多样性文化发展中，不能没有"主旋律"，不能没有"主心骨"。我们需要尊重差异，包容多样，但是不能失去核心和正确方向。

我们还必须看到全球化与新媒体为主体的时代背景的特殊性。全球化是大趋势，中国应当主动适应，但应该始终保持清醒的头脑，要看到以美国为首的西方国家主导下的全球化，是在一种不公正国际秩序下进行的全球化，对发达国家和发展中国家来说，绝对不是机会均等、利益均分，而是挑战和机遇并不平衡的全球化。因此，中国必须在道路、制度、理论的选择上保持高度自觉与自信，不能随风倒，不能失去自我，任人摆布！

回溯历史，依靠先进的封建制度，中国曾遥遥领先于世界1500多年，又由于制度的落伍，中华民族遭受了1840年以来的百年屈辱。直到中国共产党带领中国人民经过艰苦卓绝的伟大斗争走上了社会主义道路，才重又开启了民族复兴的历史进程。

苏联兴衰成败的历史更是殷鉴不远。依靠社会主义制度，苏联曾经在极其恶劣的国际环境下，在短短70年的时间里崛起为可与美国抗衡的超级大国。解体后的俄罗斯却是另外一番景象：国家急剧贫困，社会陷入混乱，黑社会猖獗，人口出生率下降，平均寿命大幅下降，可与美国抗衡的强大地位烟消云散……苏共垮台，苏联解体，俄罗斯经济和社会发展倒退了几十年。

马克思主义自创立之日起就遭到资本主义的疯狂诋毁和破坏，也曾多次被宣布"过时"，然而所有的伎俩都没能阻止马克思主义更为迅速、更为广泛的传播和实践。真理的力量终究无法阻挡。进入新世纪以来，以马克思排名第一的千年思想家评选、国际金融危机和占领华尔街运动三大事件为标志，西方重新掀起了马克思热。

在中国，马克思主义信仰也一度有过松动。有人甚至对马克思主义理论提出种种质疑。中国共产党砥柱中流，坚定不移，始终高举马克思主义真理旗帜，一时间竟与西方马克思热遥相呼应。这种似乎很出人"意外"的情形，其实包含了历史的必然。由国际金融危机引发的新一轮世界科学社会主义复兴运动，正是世界寻求摆脱危机良方的需要。人们终于发现，马克思主义基本原理不但没有过时，而且随着科技和生产力的飞速发展，显示出更为迫切的现实性。

有研究者认为，未来50年左右的时间里，世界主导体系将完成向科学社会主义的根本转换，这一不以人的意志为转移的世界大势更加坚定了我们的"三大自信"。500年的资本主义制度，在近两百年周期性经济危机的冲击和近百年的社会主义制度竞争中逐渐丧失了经济和政治优势，文化优势在遭遇中国的"三大自信"后也必将发生动摇。

"咬定青山不放松，立根原在破岩中。千磨万击还坚劲，任尔东西南北风。"

中华民族伟大复兴的征程注定不会平坦。中国人民必须以"咬定青山"的意志，更加紧密团结在以习近平同志为总书记的党中央周围，坚定"三大自信"不动摇，坚持和发展中国特色社会主义，弘扬中国精神，凝聚中国力量，中华民族伟大复兴的目标一定能够实现！伟大的"中国梦"一定能变成现实！

链接　　　　　　　　　　　　**毛泽东的自信**

毛泽东的自信心几乎无人可比，这也是他成功的关键。敢于迎接强大对手的挑战是毛泽东的性格，他从来没有把这种挑战看成是一种精神上的压力，相反，他把这种挑战看成是一种乐趣。他曾豪迈地说过："与天斗其乐无穷，与地斗其乐无穷，与人斗其乐无穷。"无论面对什么样的强敌，毛泽东都有一种敢打必胜的信心，并置敌于死地。他把强大的敌人视作"纸老虎，死老虎，豆腐老虎"。他甚至轻松地说，不管对付地球上的任何反革命，我们都能把他整下去！毛泽东遇上过三大对手。第一是蒋介石，中华民国总统，控制国家机器，有四百万正规军，还有美国提供的现代化武器，曾把红军从南方的江西打到北方靠近沙漠的延安，可是后来的国民党，被毛泽东从东北赶到了台湾。第二是抗日战争时期的日本军队。日本人在甲午战争中尝到甜头，几年以后又凭借武器装备精良和武士道精神来侵略中国，毛泽东指挥八路军与他们作战，打过许多硬仗，重创了日本鬼子。第三是抗美援朝时的美国军队。当时美国有世界上最现代化的军队，有原子弹，一般国家的元首都害怕美国，可是毛泽东把美国佬看成是纸老虎，派出志愿军顶住了联合国军的攻势,1953 年在"三八线"上突破了 21 公里的防线,美国人害怕了,终于签订了停战协议。

从 1929 年的金融危机、1970 年的美国股灾到 2008 年殃及全球范围的金融风暴,历史一再证明,危机的重复性爆发是资本主义基本矛盾的必然表现。这些基本矛盾及其表现,马克思主义创始人早在 19 世纪就给予了科学解释。这一点,西方国家的清醒人士都是承认的。资本主义一再出现危机,使得西方国家思想界不得不一次次地重新认识马克思主义。

当今国际金融危机中西方国家的思想界对于马克思主义的新认识之所以值得重视,就在于此前被其所鄙视、否认或回避的一些马克思主义观点,正在被重视和重新认识。

(1) 马克思的观点对于理解和讨论当前的金融危机具有重要指导意义。国际金融危机以前,西方主流舆论普遍认为,在 21 世纪的今天,经济社会的发展变化与 19 世纪已经不可同日而语,创立于 160 多年前的马克思主义已不能指导今天的现实,马克思主义显然"过时了"。但历史表明,一种理论"过时"与否,不在于其产生的时间长短,而在于其能否正确解释现实、指导实践,归根到底在于其能否对人类历史发展趋势做科学把握。正是对现实变化规律和历史发展逻辑的客观把握,马克思主义的科学光芒在人类社会的长河中无比耀眼。今天,面对全球范围内的金融危机,许多人走进书店,重新捧起了马克思的经典著作《资本论》,试图从中找到资本主义金融危机产生的根源。人们开始承认,马克思主义所揭示的资本主义的矛盾和经济社会发展规律依然正确。英国《泰晤士报》2008年11月20日报道说,金融危机使西方人突然重视马克思的《资本论》了。在德国,随着最近损失惨重的商业人士努力寻找造成这场金融危机的根源,德文版的《资本论》开始热销。

马克思在唯物史观和剩余价值理论的基础上剖析了资本主义经济的内在矛盾,深度揭示了资本主义积累规律、剩余价值规律、资本有机构成不断提高等客观经济规律,科学地指出了资本主义经济制度的历史进步性和危机趋势。美国学者约翰·卡西迪在谈到马克思时曾说过:"不管他有什么错误,他确实是一个通晓我们的经济制度的人。只要资本主义继续存在,他的作品就值得拜读。"(约翰·卡西迪:《马克思的回归》,童建挺译,载于俞可平主编《全球化时代的"马克思主义"》,中央编译出版社1998年版,第10页)金融危机发生后,一些西方学者认识到马克思主义理论在分析资本主义危机时具有指导意义。科斯塔斯·拉帕维托萨斯在2008年底接受《国际社会主义评论》采访时指出:"马克思的观点对于理解和讨论当前的金融危机是有重要指导意义的。"(《科斯塔斯·拉帕维托萨斯专访》,载于《国际社会主义评论》2008年第12期,第117页)

马克思主义之所以能够指导人们去认识当前的经济危机,关键在于其被证明是正确的。英国肯特大学哲学教授西恩·塞耶斯发表的题为《马克思主义和资本主义危机》的文章指出:马克思对资本主义的分析,已经被证明是正确的。他认为,首先,马克思对自由市场的批判已经被证实了。在过去的30多年里,经济学和社会学说中曾经占支配地位的自由主义,即自由放任的、自由市场的思想体系已经声誉扫地。甚至美国联邦储备委员会的前主席阿兰·格林斯潘——这个最有影响的自由市场思想的捍卫者，也承认自由主义市场的思想体系是有错误的："我错误地认为银行和其他一些追求自身利益的组织最能够保护股东的利益及其在公司的股本。"然而，目前的危机再一次证明自由市场是具有自身异化属性的制度。它是一个不可控制的、具有内在不稳定性的机制。马克思生动地比喻它"像一个魔术一样不能再支配自己用法术呼唤出来的魔鬼了"。其次，当前的危机已经使得资本主义经济体系濒于崩溃，世界经济秩序正面临着重建。这已经证明资本的无度扩张是经济生活瘫痪的基础。马克思对资本主义的批判在这方面已经被证实。第三，正如马克思所预言的，一个革命的产业工人阶级成长起来了。尽管从那时起，在发达的资本主义世界里，情况已经有了很大的变化，但在资本主义社会里阶级仍然是对立的。马克思在这个方面的分析仍然站得住脚。(《哲学动态》2009年第5期)

(2) 马克思预言了当代经济全球化的冲突与实质。马克思准确预见了当代经济全球化的矛盾及趋势。1999年出版《马克思传》的英国作家弗朗西斯·惠恩指出：在马克思著作里会读到，他预言美国的资本主义制度将陷入停顿并开始腐朽，由于疯狂投机，底特律汽车城有可能停止生产汽车；还会读到金融资本和工业资本之间的激烈争斗，资本主义危机爆发时，失业和饥饿开始蔓延，某个偏僻角落的动荡会导致整个体系的中心发生动荡和恐慌等；还会看到，马克思是全球化的先知，他关于"各民族普遍相互依赖"现在仍然惊人地适用，他对全球化的形容在今天仍像150年前一样犀利——"利润率下降，趋于垄断……"(《大西洋月

刊》2009 年第 4 月号）

美国《外交》杂志 2009 年 5—6 月号发表加拿大多伦多约克大学政治学教授里欧·帕里奇的文章说，马克思的《资本论》近来在全球热销，反映了这次经济危机导致许多资本主义信徒出现了意识形态的迷失。这篇题为《完全摩登马克思》的文章说，为什么人们要为马克思招魂？其中一个原因是他在 150 年前就准确预言了当今资本主义全球化的出现及其后果——即这次金融海啸的发生；更重要的是，他还为此预留了解救的"药方"，值得我们今天作为参考。马克思为今天的危机开出的第一个"药方"，是建立工会和工人政党。在今天，他会鼓励人们成立新的利益共同体、协会和组织，用以抵抗资本主义的现状，并开始抉择如何更好地满足自己的需求。马克思开出的第二个"药方"，将会是号召金融市场的公有化，并"通过拥有国家资本和独享垄断权的国家银行，把信贷集中在国家手里"。马克思的第三个"药方"，将会是提倡打破"以资本主义市场解决一切问题"的逻辑，转而利用国家集权的机构解决诸如气候变化等问题。最后，在第四个"药方"中，马克思会呼吁世界各经济体，为了应付目前的金融危机，应以团结一致的行动取代钩心斗角。

（3）马克思科学地剖析了资本主义制度。法国《新观察家》杂志 2009 年 7 月刊登记者吉勒·安克蒂尔对英国历史学家埃里克·霍布斯鲍姆的专访，认为当前的危机导致马克思理论的回归。埃里克·霍布斯鲍姆指出，马克思明白了一些被传统经济学家所忽略的东西，即资本主义是一种通过危机以不稳定方式进行演化的系统，危机发生之时，该系统就会进行重构。埃里克·霍布斯鲍姆认为：自本次危机爆发以来，人们谈论更多的还是《资本论》的作者马克思,因为马克思理论的中心就是批判和解析资本主义。

马克思主义对资本主义的解析之所以科学和深邃,关键在于马克思主义产生于工人运动中。历史上,从来没有一种理论像马克思主义那样,与工人阶级和劳动人民的命运如此紧密地联系在一起。过去曾有种种同情人民群众的思潮或学说,但只有马克思主义才真正为工人阶级和劳动人民说话,反映和代表他们的根本利益和要求。其历史必定与工人阶级的解放(其特征是"人类解放")历程同在,必定与工人阶级同呼吸、共命运,必定与劳动大众的利益、要求、情感融为一体。世界最大出版社之一的企鹅出版社,2009年推出了《卡尔·马克思新闻作品选集》。出版社在介绍中写道:"这本全新的选集覆盖了马克思笔下关于阶级问题和世界形势的大量主题。他对于19世纪的鲜明洞察表现了他的社会良知,而这种良知直到今天仍能给我们以启示。"(《环球时报》2009年11月13日)

(4)马克思提出的人类解放的主题从来没有失去它的效应。人类向何处去?这次金融危机使西方人感到迷茫。"历史终结论"的始创者、美国霍普金斯大学日裔政治学者弗朗西斯·福山在反思金融危机时也慨叹"历史似乎没有终结",历史并没有止步于西式"自由民主"。日本政论杂志《中央公论》2009年9月号以"日本要直面中国世纪"为题,刊登了福山接受该刊专访的文章。福山认为:"客观事实证明,西方自由民主可能并非人类历史进化的终点。随着中国的崛起,所谓'历史终结论'有待进一步推敲和完善。"

那么人类的未来会怎样发展?值得注意的是,一些学者提出了曾长期在西方讳莫如深的问题,即马克思关于人类社会的未来即共产主义依然有效。法国《世界报》2008年10月17日发表法国著名理论家阿兰·巴迪乌论当前金融危机的文章。阿兰·巴迪乌认为，世界金融危机使广大民众认识到，人类解放的主题从来没有失去它的效应，而共产主义恰恰体现了人类解放的主题，即人的自由而全面的发展。"毫无疑问，'共产主义'一词正体现了这一主题，但却被贬低和侮辱了。但是现在，'共产主义'一词的消失只是便宜了既有秩序的支持者，也就是当前危机大片中的演员们。我们要重新提倡共产主义，并使它更为明晰。……共产主义用最激进的方式打破了传统观念，提出了社会中每个人的自由发展是所有人自由发展的条件。"德国《时代》周报2008年11月6日号发表德国哲学家和社会学家于尔根·哈贝马斯的访谈——《破产之后》。哈贝马斯谈到，私有化的幻想已走到末路，它带来骇人听闻的社会不公：制度失灵所产生的社会成本对最脆弱的社会群体的打击最为无情。普通大众本来就不是经济全球化的受益者，但是面对金融体系可预见的功能失灵给实体经济带来的后果，现在他们却被再次要求买单。而且这不像股票持有者那样以票面价值支付，而是以他们日常赖以生活的硬通货来支付。

结语:同一个中国同一个梦

　　梦想是燃烧着的希望,牵引你的目光,接引你的脚步。于是,我们不舍昼夜、不知疲倦、不折不挠地奔走,跋涉,追赶……于是,我们书写了途中的人生,收藏了途中的风景,继续了人类自强不息的历史。

　　人类从来没有熄灭过梦想。熄灭了梦想,心灵的天空便失去了阳光,生命的脉动便停止了跳跃。

　　"中国梦",其实是播在我们每一个中国人心底里的种子,因此一经催发,就能够在一夜间盛开成一片花海。

　　作为新时期凝聚人心的中国目标、中国愿景,"中国梦"是民意的集合,时代的呼唤——

　　实现中华民族复兴的"中国梦",是中国近代历史大变局催生的梦想。这一路,中国摸索、追逐了170多年,梦想的目标越来越接近,越来越清晰。按捺不住的兴奋交织着变幻莫测的世情,撩动了知识界的思绪。

2006 年 4 月，一个名叫"中国梦与和谐世界"的研讨会在北京举行第一届会议。来自政界、学界、工商界的许多知名专家、学者和企业家坐在一起，热烈讨论着"中国梦"的思想内涵与"和谐世界"的理念和实践问题。研讨者甚至触及"中国梦"与"美国梦"的跨文化比较。

十分有趣的是，研讨会的发起者是一位资深外交官，时任中国外交学院院长和中国国际关系学会常务副会长吴建民。这一细节似乎赋予了讨论会广阔的全球视境。

吴建民在会上说道："任何国家在崛起时都有自己的梦想，这些梦想激励着一批又一批的人士去努力奋斗，取得成功，为国家的崛起作出贡献，中国今天就处在这个时期。"他第一次概括了"中国梦"的三个特征：首先是规模大。中国有 13 亿人口，这决定了在实现"中国梦"的过程中，中国成功人士的规模将史无前例。其次是领域广。中国现代化的过程是一个宏大的系统工程，中国的崛起发展将带动整个社会的发展和繁荣。再次，"中国梦"是与世界分享的。中国的开放度不仅使中国人可以做"中国梦"，而且可以使海外华人甚至外国人都一起来实现"中国梦"。

2007 年 3 月，第二届"中国梦与和谐世界"研讨会在天津举行。

2008 年 3 月，第三届"中国梦与和谐世界"研讨会在北京举行。

2010 年 1 月，中国国防大学教授刘明福的专著《中国梦——中国的目标、道路及自信力》出版。这部据说是"美国总统奥巴马不得不看的一本书"，从全球视角探讨了 21 世纪中美决赛的特点、方式和规律，提出 21 世纪的中国，要"冲刺世界第一，决赛冠军国家，创造中国时代，建设无霸世界"。一时间激励和振奋了千百万颗"中国心"。

思想在探讨中一步步明晰。提出"中国梦"的理念,在学术界的共识,就是试图在国内提倡一种主流、健康和积极进取的社会意识,引导年轻一代树立正确的世界观和理想、信念,促进国内和谐社会建设;在国际上提倡和平、合作、共赢,中国和世界共同发展;通过中国软实力的增强,在国际上塑造中国负责任的大国形象,为创建和谐世界作出贡献。

2006年以来,"中国梦"的持续大讨论,既是对百余年来中华民族奋斗历史的回望和追寻的概括,也是当下中国人对自己未来的期盼,对中国人共同命运中凝聚的感情和力量的诉求,对普通民众希望和追求幸福的表达。

2009年,几个民间机构联合做了一次梦想大调查,发表了一份《中国人梦想白皮书》。这是新中国成立60年来第一次也是最大规模的一次国人梦想调查,征集到超过20万个普通人的梦想答案。

同样的"征梦",1933年的冬天出现过一次,汇集了70年前那个风雨飘摇年代里142个人物的"梦想"。胡愈之先生在《东方杂志》发出的征梦信中不无凄戚地写道:"在这昏黑的年头,莫说东北三千万人民,在帝国主义的枪刺下活受罪,便是我们的整个国家、整个民族也都沦陷在苦海之中⋯⋯我们诅咒今日,我们却还有明日。假如白天的现实生活是紧张而闷气的,在这漫长的冬夜里,我们至少还可以做一二个甜蜜的舒适的梦。梦是我们所有的神圣权利啊!"

这种内心升腾的焦灼和无奈,很容易让人联想到1903年,刘鹗的《老残游记》。书以"梦"作为开篇。梦中,一艘象征中国的破旧的大船迷失了航向,即将沉没⋯⋯

后来,有人说,这大概是关于"中国梦"的最早隐喻。

1933 年的征梦设计了两个问题:梦想中的未来中国是怎样?个人生活中有什么梦想?

章乃器的梦想很远大很"精神":"中国将来的革命,必然是一个向整个的上层阶级进攻的'左'倾的革命。那个革命的目标,不单是要推翻帝国主义,而且同时要推翻帝国主义的虎伥。"

周谷城的梦想很具体很 "物质":"我梦想中的未来中国首要之件便是:人人能有机会坐在抽水马桶上大便。"

如果说前者代表了国人摆脱帝国主义和封建主义统治,建立民主富强国家的愿望;后者实际上以一种黑色幽默的方式,表达了对"现代化"生活的追求。如果我们再往深里看一点,其实从"茅坑"到"抽水马桶",又岂止是一种简单的"便器"的更易呢?不过142 个答案里,最集中的指向是"大同"理想。

最令人难忘的是方志敏在狱中抒发的"中国梦"。这位出生于江西的共产党员,1935 年在他的著作《可爱的中国》里预言:"中国一定有个可赞美的光明前途……到那时,到处都是活跃跃的创造,到处都是日新月异的进步,欢歌将代替了悲叹,笑脸将代替了哭脸,富裕将代替了贫穷,康健将代替了疾苦,智慧将代替了愚昧,友爱将代替了仇杀,生之快乐将代替了死之悲哀,明媚的花园,将代替了凄凉的荒地!"今天读来,仍令人荡气回肠。

2009 年的"征梦",有了很绚丽的色彩。参与人数多,老中青少都参与进来,最多的是年轻人。社会精英和草根都来"筑梦",而且尤以草根积极踊跃。从中可以看到,在我们今天的社会和时代里,"中国梦"的生机和活力呈现自由而蓬勃的态势。"梦想者"的"梦想"更是多彩多姿、五色斑斓,既真实具体,又充满想象。

调查分析者描述了不同时期中国人的梦想轨迹。

1949—1978 年:中国人的梦想以国家意识为基础,集体和国家是梦想的指向,牺牲和奉献是梦想的主题,集体荣誉感和国家自豪感是梦想实现的力量源泉。

1978—20 世纪 90 年代初:中国人的梦想发生了新的变化。在国家经济制度根本性调整和思想观念巨大转变的背景下,个体意识的苏醒、物质财富的积累,使中国人的梦想开始带有明显的个体化和物质化倾向。

90 年代初以来:国家的综合实力和国际影响力大大提升,社会思想自由开放,价值观多元发展,人民生活水平提升,个体梦想丰富而多元。

进入 21 世纪以后,人民生活水平快速提升,中国的国际地位不断提高,中国人的心胸变得更加博大,眼界更加开阔,梦想也更加丰富多彩。从傻根的"挣钱、盖房子、娶媳妇"和"天下无贼",到"许三多"式的"不抛弃,不放弃"的人文关怀和社群构想,从购房、孝敬父母到保护长城、保护环境……普通人的梦想在一个日益开放、日益富足的国度里尽情地放飞,自由地盛开!

理性的、感性的,学术的、生活的,远大的、近期的,浪漫的、现实的,形形色色的梦想表达,水到渠成地汇合为一股强劲的民意,在习近平总书记因势利导的综括中,上升为治国的指导思想。

"中国梦"是你的、我的、国家的、民族的共同梦想。**"梦想成真",是每个中国人共享的福气——**

"中国梦"的确反映了人民大众的诉求,在总书记的列述中,可以那样具体,那样平实,那样亲切:"我们的人民热爱生活,期盼有更好的教育、更稳定的工作、更满意的收入、更可靠的社会保障、更高水平的医疗卫生服务、更舒适的居住条件、更优美的环境,期盼着孩子们能成长得更好、工作得更好、生活得更好。人民对美好生活的向往,就是我们的奋斗目标。"

"每个人的前途命运都与国家和民族的前途命运紧密相连。国家好,民族好,大家才会好。"在中华民族的追梦历程中,你有什么理由可以置身事外?

将 13 亿中国人梦想的"钢水"铸成一个金色的憧憬,所有的利益都属于民族大家庭的利益,所有的个体都归结于民族命运的共同体。共享着平等的机会,幸福着共同的幸福。

2013 年 3 月 17 日,习近平总书记在第十二届全国人民代表大会第一次会议上发表讲话。他动情地说:"生活在我们伟大祖国和伟大时代的中国人民,共同享有人生出彩的机会,共同享有梦想成真的机会,共同享有同祖国和时代一起成长与进步的机会。""中国梦归根到底是人民的梦,必须紧紧依靠人民来实现,必须不断为人民造福。"

习近平的话从内心深处流出,淌进人们的心里。他 9 次提及"中国梦",44 次提到"人民"。20 多分钟的讲话,掌声响起了十几回。

一个完整的中华民族,不能没有台湾。中华民族的伟大复兴,"台湾不能缺席。"中国共产党的总书记习近平如是说:"这是因为,两岸同胞同属中华民族,这种天然的血缘纽带任何力量都切割不断;两岸同属一个中国,这一基本事实任何力量都无法改变;两岸交流合作得天独厚,这种双向利益需求任何力量都压制不住。更是因为,全体中华儿女有决心通过自己的不懈奋斗自立于世界民族之林,这种全民族共同愿望任何力量都阻挡不了。"在中国抵御外侮的斗争中,台湾与大陆经历了共同的抗争史,谱写了两岸中华儿女共赴国难、共雪国耻的正气歌;实现中华民族伟大复兴的"中国梦",海峡两岸更应当超越地域和党派的隔膜,增强共识,携手并进。

"中国梦",与世界共享——

一个数千年居处世界文明高地的民族有这样的气度;一个从屈辱中走出来的民族有这样的宽容;一个从落后挨打走向富裕强盛的民族有这样的风范!

然而,中国的进步,中国的崛起,中华民族的复兴,竟是那样地令某些西方国家惶恐不安。它们以己之心度人之腹,误读甚至蓄意歪曲"中国梦"是"强军梦",是取代美国的"霸主梦",试图以"中国威胁世界"的假象收获"世界威胁中国"的效果,遏制中国发展的步伐。

"己所不欲,勿施于人",中国文化的恕道精神,是和平中国的一贯信仰。正是中国,一贯坚持"和平与发展"是世界的主题。中国痛恨侵略,反对侵略,耻于侵略,是维护世界和平的重要力量。中国不做美国梦,不做欧洲梦,也不做苏联梦,中国只有"中国梦"。勤劳善良的中国人民会用和平的方式、文明的方式,实现国家发展和社会主义现代化,实现中华文明在21世纪的伟大复兴;会用和平与文明方式,公平与公正的方式,利益共享的方式,超越西方大国依靠殖民主义掠夺世界资源完成工业化进程的老路,超越当年的德国、日本等军国主义依靠发动战争来重新瓜分世界的老路,超越霸权主义称霸世界争夺势力范围的老路。中国的和平崛起,将给世界带来机遇、互利和共赢。

世界和平的大势不可逆。中国前进的步履不可逆。

"中国梦"不是少数理论家的闭门造车,不是某些宣传家"画饼"式的说教,更不是空想家异想天开的乌托邦。"中国梦"是中国理想、中国目标,是人民的愿望,民族的决心,国家的意志。发展的中国"比历史上任何时期都更有信心、有能力实现这个目标"。

"不积跬步,无以至千里;不积小流,无以成江海。骐骥一跃,不能十步;驽马十驾,功在不舍。锲而舍之,朽木不折;锲而不舍,金石可镂。"荀子的话揭示了一个简单的道理:任何梦想和目标都只能在一点点一步步的"实干"中达成。

实现中国梦需要"知行统一"——

"面对浩浩荡荡的时代潮流,面对人民群众过上更好生活的殷切期待,我们不能有丝毫自满,不能有丝毫懈怠,必须再接再厉、一往无前,继续把中国特色社会主义事业推向前进,继续为实现中华民族伟大复兴的中国梦而努力奋斗。"习近平总书记向全党发出了这样的告诫。

"空谈误国,实干兴邦。"历史给我们留下了前车之鉴。战国赵括"纸上谈兵",断送了四十五万赵卒的性命;三国马谡言过于行,痛失街亭,陷蜀国于被动之困。不说大禹"三过家门而不入"的史记,不说愚公移山"子子孙孙无穷匮"的神话,中华民族百余年的奋斗史,也足以印证这个道理。没有革命先驱付出世人难以想象的巨大牺牲,不会有民族独立的胜利;没有我们父祖两代人"节衣缩食,自力更生"的奋斗,不会有新中国从一穷二白到建立完整工业体系的业绩;没有新时期的中国人鼓起"杀出一条血路"的改革勇气,不会有三十年走过西方三百年的历史跨越。饱经沧桑的中华民族,走出苦难,走向辉煌,靠的是一步步的苦干与实干。

挺立于国际形势波云诡谲,国内发展攻坚克难的历史潮头,站在全面建成小康社会进入"倒计时"的前沿阵地,中国尤其需要真抓实干。坚持改革开放,中国就会机遇无限;坚持科学发展,中国就会希望无限;坚持反腐倡廉,中国就会民心无限;坚持群众路线,中国就会力量无限。瞄准目标,咬定青山,做到知与行统一、认识与实践统一、主观与客观统一,中华民族就能书写自己的光荣与梦想,创造无愧于人类历史的"中国世纪"。

"中国梦"是全民的事业,是全民族的事业,**尤其是青年的事业**——

青年人最富有朝气,最富有梦想。中国近代以来,中国青年充当了不懈追求"中国梦"的重要力量。中国青年的命运始终与振兴中华的历史进程紧密相连。

在革命战争年代,是广大青年满怀革命理想,为争取民族独立、人民解放冲锋陷阵,抛洒热血。在社会主义革命和建设时期,广大青年响应党的号召,向困难进军,向荒原进军,保卫祖国,建设祖国,在新中国的广阔天地忘我劳动,艰苦创业。在改革开放历史新时期,广大青年再度发出"振兴中华,从我做起"的时代强音,为祖国繁荣富强开拓奋进、锐意创新。

"展望未来,我国青年一代必将大有可为,也必将大有作为。这是'长江后浪推前浪'的历史规律,也是'一代更比一代强'的青春责任。广大青年要勇敢肩负起时代赋予的重任,志存高远,脚踏实地,努力在实现中华民族伟大复兴的中国梦的生动实践中放飞青春梦想。""历史和现实都告诉我们,青年一代有理想、有担当,国家就有前途,民族就有希望,实现我们的发展目标就有源源不断的强大力量。"习近平总书记对当代青年寄托了厚望。

习近平号召青年要"勇做走在时代前面的奋进者、开拓者、奉献者"，肩负起实现中国梦的重任。他认为，当代青年首先要做的是树立自己的人生理想，应该问自己两个问题：第一，我要从事什么样的工作，将来达到什么样的程度？第二，我要做一个什么样的人？

这是一种由浅入深，由小到大，由低到高的思维方式。从现实的工作与事业的目标，到人生的终极目标。"事业"只是渡河的"舟楫"，行路代步的"舆马"，"做人"才是人生最重大的课题。

中国的崛起，需要一代代青年人精神的崛起；需要全民族文化上的崛起。"中国梦"不能让国家成为一个经济虚胖的精神侏儒。

在家庭，你是否孝顺父母长辈、友爱兄弟姐妹并"推己及人"？

在学校、在单位，你是否与人为善，有仁爱意识，有协作精神？在路上，你是否遵守交通规则，懂得自己应该如何行走以及如何对待你的同行？

在社会，你是否同情弱者，扶危济困，在他人需要帮助的时候即时伸出援手？

对自然，你是否具备了"民胞物与"、"仁民爱物"的精神素质，尊重生命并自觉地守护我们赖以生存的环境？

对拥有，你是否知道除金钱物质之外还有更高更重要的价值？

对挫折，你是否能够战胜自己的软弱，从跌倒的地方爬起再坚定地行进？

你是否还爱着脚下这片祖祖辈辈生存过的土地，继续崇尚中国千百年来的爱国主义传统，继续尊重中华民族公认的英雄和价值？你是否在检视社会缺陷的同时而有从自己做起进而实现社会文明进步的真诚和行动,而不同流于简单"骂国主义"的粗暴的情绪宣泄?你是否身在异国而懂得再好的外国也是"别人的国"而不是"你的国",进而萌生"反哺"母邦的愿望和冲动……

海峡对岸的文化学者龙应台女士,对中华文明复兴做出过这样的诠释:"我深深盼望见到的,是一个用文明尺度来检验自己的中国,这样的中国,因为自信,所以开阔;因为开阔,所以包容;因为包容,所以它的力量更柔韧、更长远。当她文明的力量柔韧长远的时候,她对整个人类的和平都会有关键的贡献。""看一个城市的文明的程度,就看这个城市怎样对待它的精神病人,它对于残障者的服务做到什么地步,它对鳏寡孤独的照顾到什么程度。我看这个城市怎样对待所谓的盲流民工,对我而言,这是非常具体的文明的尺度。一个国家文明到哪里,我看这个国家怎么对待外来移民,怎么对待它的少数族群。我观察这个国家的多数如何对待它的少数。"

文明的尺度,量的是人!

"功崇惟志,业广惟勤。"人格志向和勤奋努力决定了人生境界的高低。

中国需要青年的锐进、新潮、奋发、智慧和不可轻夺的精神与志气!

"两个一百年"——2021和2049,追梦的路上一定有你。老去的是时间规律,青年总是队伍的接力。

让我们再次温习习近平总书记平实的话语:人的一生只有一次青春。现在,青春是用来奋斗的;将来,青春是用来回忆的。人生之路,有坦途也有陡坡,有平川也有险滩,有直道也有弯路。青年面临的选择很多,关键是要以正确的世界观、人生观、价值观来指导自己的选择。无数人生成功的事实表明,青年时代,选择吃苦也就选择了收获,选择奉献也就选择了高尚。青年时期多经历一点摔打、挫折、考验,有利于走好一生的路。要历练宠辱不惊的心理素质,坚定百折不挠的进取意志,保持乐观向上的精神状态,变挫折为动力,用从挫折中吸取的教训启迪人生,使人生获得升华和超越。总之,只有进行了激情奋斗的青春,只有进行了顽强拼搏的青春,只有为人民作出了奉献的青春,才会留下充实、温暖、持久、无悔的青春回忆。

青春无悔——你、我、你们、我们——是否做好了准备?

近代黄包车夫的梦(丰子恺 绘)

70多年后的今天, 这个职业已经消失了。

近代建筑家之梦(丰子恺 绘)

嗯, 大楼是用树苗种出来的, 这种梦想70年后的今天我们依然没有实现,再接再厉!

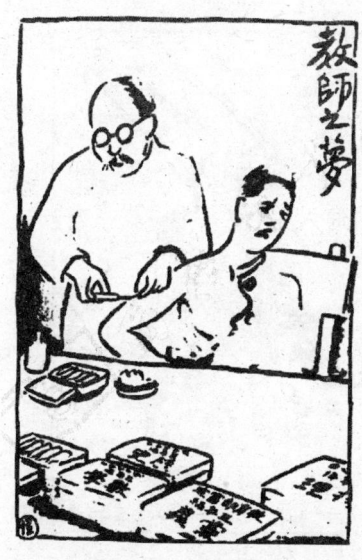

近代教师之梦(丰子恺 绘)

　　知识可以这样得到,相信这依然是我们大部分同学的梦想……,做这个梦的老师真是太好!

近代科学家的梦(丰子恺 绘)

　　70多年前的科学家们的梦想在今天大多已经实现了,做梦的人知道的话一定感慨万千。

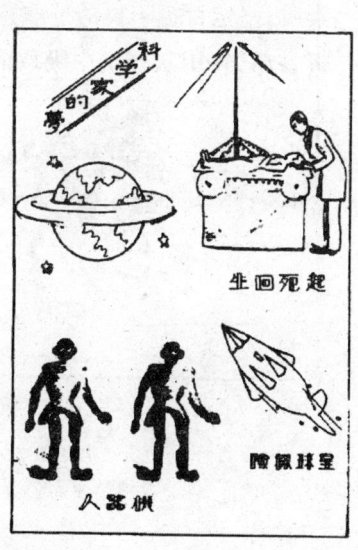

近代母亲的梦(丰子恺 绘)

　　孩子可以这样喂养长大吗?大概是在那个缺衣少食的年代里母亲们的无奈的梦想吧,今天的我们不需要了。

近代士兵的梦(丰子恺　绘)

今天的士兵们已经有了防弹衣，虽然还比不上前人们所想的那般钢筋铁骨。不过,今天我们的士兵们大部分时候是在救济防御各种灾害中发挥自己的力量。

近代投稿者的梦（丰子恺绘）

今天的作家们依然没有长出三头六臂,不过有了电脑,查资料和写稿件都快捷方便了许多。

后记

为认真贯彻落实党的十八大精神和习近平总书记阐释"中国梦"的一系列重要讲话精神，深入理解民族复兴"中国梦"的丰富内涵，深刻认识个人的命运都与国家和民族的前途命运紧密相连，帮助广大青年学生树立正确的世界观、人生观、价值观，为实现中华民族伟大复兴"中国梦"努力奋斗，江西人民出版社特策划、组织编写了本书。

本书的编写出版，得到了中共江西省委宣传部、江西省文明办、中共江西省委教育工委等部门的悉心指导和大力支持。省委宣传部李江源巡视员指导确定了本书的写作思路并帮助整理了大量的资料、撰写了部分样稿；王东林教授殚精竭虑，精心地拟定了全书的写作提纲，并具体承担了各章书稿的撰写与整理工作，夜以继日，不辞辛劳；王冠同志帮助撰写了书稿第五章的初稿。书稿的编撰过程中，雷剑、许光洪、彭祖雄、杨联愚等同志给予了多方面的指导和帮助。在此，一并致以诚挚的谢意！

本书写作过程中，我们参阅了不少图书资料，选用了一些图片，谨对这些图书、图片的作者表示衷心感谢。由于编写时间仓促，当中定有不妥不当之处，敬请读者批评指正。

江西人民出版社

2013 年 10 月